ディズニー
で学ぶ
経済学

山澤成康〈著〉

学文社

はじめに

　本書はディズニーランドという題材を使って経済学を体感するための教科書である。大学で初めて経済学を学ぶ学生を対象にしており，経済学のおもしろさや研究することの楽しさを伝えるために書いた本だ。

　本書は卒業論文の作成にも役立つだろう。ディズニーランドは卒論のテーマとして魅力的だが，過去の研究をサーベイした書物がなかった。論文の本質は，過去の研究を土台にして「新しいことを付け加える」ことである。これまでの研究をまとめた本書は卒論作成に有用だ。

　ディズニーランドを題材にした授業を始めたのは，大学教員になった2002年からである。1年生向けの入門ゼミ（プロゼミ）でディズニーランドを題材にした授業を始めた。この本で経済学のすべてを描ききることはできないが，少しでも経済学の楽しさがわかってもらえればありがたい。

　本書は章ごとに完結しているので，順番に読む必要はない。経済学の分野との対応は表1を参考にしていただきたい。ディズニーランドを分析する際には経済学以外にも有用なアプローチがあるので，それは右列に記した。たとえば，ディズニーランドの工夫を語る際には，建築物やレイアウトの工夫が重要なので，第1章では建築学に関わる説明をした。

　一口に「ディズニー」といってもさまざまな定義があるので，ディズニーに関係した企業について整理しておく。東京ディズニーリゾートを除く世界各地にあるディズニーパークは，米国の企業であるウォルト・ディズニー・カンパニー（The Walt Disney Company）が運営している。1986年2月16日に，ウォルト・ディズニー・プロダクション（Walt Disney Production）から商号変更した。ディズニー関連の商品や映画などもウォルト・ディズニー・カンパニーが手掛けている。本書では，『日本経済新聞』が使っている略称である米ウォルト・ディズニー社を使うことにする。ディズニーランド以外にも米ウォルト・ディズニー社が運営するテーマパークが増えているが，同社はそれらを総称してデ

表1　本書の経済学との対応

経済学			経営学など	
ミクロ経済学	家計の分析	6 消費行動の分析	人的資源管理	4 ディズニーランドのサービス
	企業の分析	7 企業行動の分析	財務分析	10 財務データからみるオリエンタルランド
	産業組織論	5 値上げや割引はどのように決めるか	経営戦略	11 テーマパークはどういう戦略をとるか
マクロ経済学	日本経済論	2 ディズニーランドの歩み	建築学	1 レイアウトの工夫
	産業論	8 テーマパークとレジャー産業	ジェンダー論	12 「お姫様」と女性の社会進出
	金融論	3 株価はどう動くか	知的財産権	13 ディズニー・キャラクターの秘密
	国際経済	9 世界のディズニーランド		
	経済予測	14 日本の将来とディズニーランド		

ィズニーパークと呼んでいる。

　東京ディズニーランドを運営しているのは，日本の企業であるオリエンタルランドだ。また，東京ディズニーランド，東京ディズニーシー，イクスピアリや関連ホテルなどを総称して東京ディズニーリゾートという。

　米ウォルト・ディズニー社の日本法人は，2002 年 8 月に子会社を統合したウォルト・ディズニー・ジャパンである。東京ディズニーリゾートはオリエンタルランドが運営するが，ディズニーストア，映画などそのほかのディズニー関連事業はウォルト・ディズニー・ジャパンが運営している（表2）。

　本書では，本来ディズニーパーク，ディズニーリゾートと呼ぶべきところを，「ディズニーランド」と呼んでいる場合がある。ディズニーパークやディズニーリゾートと記すと企業活動のイメージが強くなるため，夢の国の象徴として「ディズニーランド」という言葉を使っている場合がある。

　また，東京ディズニーランドと東京ディズニーシーに共通する特徴を描くときに，東京ディズニーランドのみの記述をしているところがある。東京ディズニーリゾートという記述だとホテルなども含まれるため，2つのテーマパーク

表2　ディズニー関連企業

内　容	会社名
映画やテーマパークなど世界のディズニー関連商品を統括	ウォルト・ディズニー・カンパニー（米ウォルト・ディズニー社と省略）
東京ディズニーランドの運営	オリエンタルランド
テーマパーク以外のディズニー関連ビジネス	ウォルト・ディズニー・ジャパン（米ウォルト・ディズニー社の日本法人）

表3　公式名称と略称

ウォルト・ディズニー・ジャパンウェブページでの名称	本書での略称
カリフォルニアディズニーランド・リゾート	ディズニーランド
フロリダ ウォルト・ディズニー・ワールド・リゾート	ウォルト・ディズニー・ワールド
香港ディズニーランド・リゾート	香港ディズニーランド
ディズニーランド・パリ	ディズニーランド・パリ
上海ディズニーリゾート	上海ディズニーランド

の設備やサービスを記述する場合は，東京ディズニーランドで代表して使う場合がある。

　ディズニーパークの名称も変遷があるが，公式なのものはウォルト・ディズニー・ジャパンが使う名称だろう。これらも，表3のとおり簡略して使うこととする。

はじめに　1

序　章　一人勝ちのディズニーリゾート　　　　7

1. 一人勝ちの東京ディズニーリゾート〈7〉　2. リピーターの多さ〈8〉　3. 不断の設備投資〈9〉　4. リスク管理の巧みさ〈10〉　5. 立地条件のよさ〈10〉　6. 経済情勢や景気も有利に働く〈11〉　7. 強力なキャラクター〈15〉　8. GDP統計との関連〈15〉
コラム 東京ディズニーリゾート入園者の特徴〈16〉

第1章　レイアウトの工夫（建築学）　　　　17

1. レイアウトの工夫〈17〉　2. 東京ディズニーランド，東京ディズニーシーのテーマ配置〈20〉　3. 顧客をひきつけるシンデレラ城〈22〉　4. 外界を遮断するための目隠し〈23〉
5. 食材を運ぶ地下道〈24〉　6. ゴミ箱と割れ窓理論〈25〉

第2章　ディズニーランドの歩み（日本経済史）　　　　27

1. 日本経済とディズニーランド〈27〉　2. 東京ディズニーランド開園後の入場者数と日本経済〈29〉　3. 東京ディズニーリゾート入園者数の推計〈30〉　4. 1983年という年〈31〉
5. 幻のオリエンタルランド〈32〉　6. 東京ディズニーランド開園までの努力〈35〉　7. 東京ディズニーシーができるまで〈38〉　8. 脱ディズニー戦略〈40〉　9. 東京ディズニーランドの再開発〈42〉
コラム 会社の種類〈44〉

第3章　株価はどう動くか（株式市場）　　　　45

1. 株式会社のメリット〈45〉　2. 銀行預金と株価〈48〉　3. 株主になるには〈49〉　4. 株価の見方〈50〉　5. 権利確定日と権利落ち日〈53〉　6. 貸借銘柄と空売り〈53〉　7. 日経平均株価〈54〉　8. 株式分割〈55〉　9. ROEとROA〈56〉　10. PERとPBR〈57〉　11. オリエンタルランドの株価〈59〉
コラム 新聞の証券面の見方〈52〉

第4章　東京ディズニーランドのサービス（人事管理）　　　　66

1. テーマパークとサービス〈66〉　2. サービス業の特徴〈67〉　3. 人事管理の基本〈68〉
4. 高品質サービスによるリピーターの増加効果〈69〉　5. 名前の工夫―ゲスト，キャスト〈70〉　6. 高いアルバイトの比率〈71〉　7. ディズニールック〈72〉　8. 清掃業務をブランド化―カストーディアル〈73〉　9. SCSE〈75〉　10. 5段階欲求説と報奨制度〈76〉　11. 上司が部下になるサンクスデー〈77〉　12. 「お子様ランチ」〈77〉　13. 今後の課題〈78〉

第5章　値上げや割引はどのように決めるのか（価格戦略）　79

1. 需要と供給〈79〉　2. 需要曲線と消費者余剰〈80〉　3. 価格差別〈81〉　4. バージョニング〈81〉　5. バンドリング〈83〉　6. ホームタウンパスポート〈84〉　7. 首都圏ウィークデーパスポート〈85〉　8. 夏5パスポート—1時間当たり単価による分析〈86〉　9. 価格戦略のまとめ〈87〉　10. 貨幣の機能とミッキーマウス〈88〉　11. 複数パークへ行けることのメリット〈89〉　12. 消費税による価格改定〈89〉　13. 東京ディズニーシーのビール価格〈90〉

第6章　消費行動の分析（効用の最大化）　93

1. 効用の最大化〈93〉　2. 限界効用逓減の法則〈94〉　3. 年間パスポートと効用関数〈96〉　4. 無差別曲線の例〈98〉　5. 予算線と最適な組み合わせ〈99〉　6. さまざまな財の分類法〈100〉　7. 代替財と補完財〈101〉　8. 上級財と下級財〈103〉　9. 値上げの効果〈103〉　10. 価格弾力性は1.7%のプラス〈104〉

コラム　ジャングルクルーズはどこのジャングルか？〈107〉

第7章　企業行動の分析（利益の最大化）　108

1. 利益とは〈108〉　2. 装置型産業の特徴〈109〉　3. 限界費用逓増の法則〈111〉　4. 利潤最大化のポイント〈112〉　5. 平均費用曲線と新規参入〈113〉　6. オリエンタルランドの費用分析〈115〉　7. 損益分岐点分析〈116〉　8. 費用逓減産業〈117〉　9. 長期の費用曲線〈118〉　10. 独占市場の価格〈119〉

第8章　テーマパークとレジャー（観光学）　121

1. 分類学〈121〉　2. テーマパークの定義〈122〉　3. 公園とは〈123〉　4. 遊園地とは〈123〉　5. テーマパークとは〈124〉　6. 遊園地に関する新たなアプローチ〈125〉 7. 日本のテーマパークの歴史〈126〉　8. 世界のテーマパーク入園者数〈128〉　9. 世界一の遊園地はヨーロッパ・パーク〈129〉

コラム　東京ディズニーリゾートの混雑分析〈131〉

第9章　世界のディズニーランド（国際経済）　132

1. 1人当たりGDP〈132〉　2. 為替レートとは〈134〉　3. 購買力平価とは〈135〉　4. サービス貿易〈138〉　5. 訪日外国人の動向〈139〉　5. 世界のディズニーランド〈140〉　6. 世界の三大マウンテン〈143〉　7. ウォルト・ディズニー・カンパニー〈145〉

コラム　トムソーヤ島とミズーリ州〈146〉　コラム　為替レートで変わるチケットの割安感〈147〉

第10章　財務データからみるオリエンタルランド（会計学）　148

1. 企業の成績表〈148〉　2. まずは経常利益〈149〉　3. 1人当たりでみる〈151〉　4. ディズニーランドの驚異的販売額〈153〉　5. 1-3月と4-6月期がカギ〈154〉　6. 貸借対照表〈155〉　7. キャッシュフロー計算書〈155〉　8. 役員報酬〈156〉　9. ロイヤルティは売上高の約7%〈157〉

コラム　ディズニーストアの盛衰〈158〉　コラム　ディズニーランドと住所〈159〉

第11章 テーマパークの戦略（企業戦略） 160

1. 経営戦略とは〈160〉 2. ユニバーサル・スタジオ・ジャパンの戦略〈162〉 4. ハウステンボスの戦略〈166〉 3. スパリゾートハワイアンズの戦略〈168〉 5. サンリオの戦略〈169〉
6. スペースワールドの戦略〈170〉

コラム 覇権国家オランダ〈171〉

第12章 「お姫様」と女性の社会進出（ジェンダー論） 172

1. ジェンダーとは〈172〉 2. ディズニープリンセスの定義〈173〉 3. 2つのグループ〈175〉
4. リトル・マーメイド以降の変化〈176〉 5. ヒロインの国際化〈177〉 6. お姫様への回帰〈178〉
7. さらなる多様化〈179〉

コラム グリム童話とのちがい〈180〉

第13章 ディズニー・キャラクター（知的所有権） 181

1. 知的所有権について〈181〉 2. ミッキーマウス保護法〈182〉 3. 大津市プール事件〈184〉
4. 『ライオン・キング』に対する『ジャングル大帝』の盗作疑惑〈184〉 5. ディズニーランドの模倣〈185〉 6. ミッキーマウスへの道〈185〉 7. ミッキーマウスの変遷〈186〉 8. オズワルドのその後〈188〉 9. くまのプーさんの原作は英国の絵本〈189〉 10. クマのプーさんは解禁に〈190〉

第14章 日本の将来とディズニーランド（将来予測） 191

1. リスクと不確実性〈191〉 2. ハイリスク＝ハイリターンとは〈192〉 3. 将来の予測〈192〉
4. リスクマネジメント〈193〉 5. ブランド低下のリスク〈194〉 6. オペレーションに対するリスク〈195〉 7. 外部環境に対するリスク〈195〉

第15章 経済学用語集（経済学） 196

1. 希少性〈196〉 2. トレードオフ〈197〉 3. 機会費用〈197〉 4. 限界〈198〉 5. インセンティブ〈199〉 6. GDP〈199〉 7. 物価〈200〉

あとがき 201
巻末資料 203
索 引 215

序 章　一人勝ちのディズニーリゾート

■この章のポイント■

　東京ディズニーリゾートは，ほかのテーマパークに比べて圧倒的な入園者数を誇る。ディズニーリゾートの強みはリピーターの多さである。サービスの質の高さ，不断の設備投資による飽きさせない工夫がある。

　そのほか，リスク管理の巧さ，立地条件のよさ，開園タイミングのよさなどがあげられる。キャラクター人気の高さも大きい。

東京ディズニーリゾートの一人勝ち

リピーターの多さ		立地条件のよさ		開園タイミングのよさ		キャラクター人気の高さ
アトラクションの新設	サービスの質の高さ	都心への近さ	埋め立て地に対するリスク管理	社会情勢が有利に働く	景気も有利に働く	多額のロイヤルティでも元が取れる

① 一人勝ちの東京ディズニーリゾート

　オリエンタルランドは，東京ディズニーリゾートの入園者数を毎年発表している。近年は入園者数が減少することもあるが，数十年単位でみれば入園者数は右肩上がりで増えている。

　東京ディズニーリゾートは，よく一人勝ちしているといわれる。それを検証するのに役立つのが，オリエンタルランドが毎年発行しているファクトブックだ（オリエンタルランドウェブページから入手可能）。ファクトブックによると，2015年度の遊園地の市場規模は7640億円で，オリエンタルランドの占有率は，

表序-1 主要テーマパークの入園者数(2016年度)

施設名	入園者数 (万人)	(TDR=100)
東京ディズニーリゾート	3000.4	(100.0)
ユニバーサル・スタジオ・ジャパン	1460.0	(48.7)
ハウステンボス	289.4	(9.6)
サンリオピューロランド	180.7	(6.0)
志摩スペイン村 パルケエスパーニャ	122.7	(4.1)
東京ドイツ村	113.2	(3.8)
東映太秦映画村	82.0	(2.7)
キッザニア東京	85.5	(2.8)
キッザニア甲子園	71.0	(2.4)
野外民族博物館リトルワールド	50.9	(1.7)

(出所)綜合ユニコム『月刊レジャー産業資料』2017年8月号

47.7%だとわかる(データの出典は日本生産性本部『レジャー白書2016』)。たしか
に一人勝ちを続けている。

　2016年度の入園者数を，ほかのテーマパークと比較をしよう(表序-1)。1位
は東京ディズニーリゾートの約3000万人だ。2位はユニバーサル・スタジオ・
ジャパンで東京ディズニーリゾートの約50%だ。ほかのテーマパークはさら
に小さい。ハウステンボスは約10%，サンリオピューロランドは6%である。

② リピーターの多さ

　東京ディズニーリゾートの強みは，リピーター(2度以上来る人)の多さである。
固定費用の大きいテーマパーク産業は，入園者が減ると収益が大きく減少する。
収益を減らさないためにはリピーターを確保する必要がある。どんなテーマパ
ークでも初年度はそれなりの入場者数が確保できる。とりあえず，一度は行っ
てみるためだ。その後，何度も行きたくなるかどうかがポイントである。

　ディズニーランドのリピート率について公式な統計があるわけではないが，
2009年の国際フォーラムで当時のオリエンタルランド社長加賀見氏がリピー
ト率(一度入園した人が別の日に再度入園する割合)9割と明言していたので，非
常に高いことがわかる。何度も入園してくれる顧客を確保できたところが東京

ディズニーリゾートの強みである。

　リピーターを増やすためには，初回のサービスや施設の満足度が高いことが大前提だ。新たな商品開発も重要となる。新たなアトラクションやショーなどを継続的に追加することで，顧客に再度来園してもらうことができる。

　リピーターが多い理由を経済学の言葉を使ってまとめれば，生産要素である資本，労働の両面で優位性があることである。東京ディズニーリゾートは，非常に巨大な資本設備をもっており，その設備が魅力的なために顧客の満足度が高い。一日ではすべてを回りきることはできないため，再度来園することになる。もう一方の生産要素である労働についても評価が高い。アルバイトの比率を高めて人件費を落とす一方で，アルバイトを含めた従業員に対して高度な教育を施してサービスの質を高めている。

③ 不断の設備投資

　設備面では，不断の設備投資を行い，いつ来ても新たな魅力がある工夫をしている。新たな投資はすべて成功するとは限らないが，東京ディズニーリゾートではおおむねうまくいっている。顧客の要求を的確に把握しているためともいえるが，「タワー・オブ・テラー」のように海外にある既存の人気アトラクションを日本に導入することも多く，成功が約束されている設備投資もある。その場合でも，東京ディズニーシー独自のストーリーを新たな価値として加えている。

　東京ディズニーランドで人気の三大マウンテン（「スペース・マウンテン」「ビッグサンダー・マウンテン」「スプラッシュ・マウンテン」）のうち「スペース・マウンテン」は開園当初からあったが，「ビッグサンダー・マウンテン」は，1987年7月から運用が開始された。さらに，「スプラッシュ・マウンテン」が1992年7月から運用開始された。バブル崩壊の影響で1992年度の入園者数は減少したが，1993年度に反転しており，集客効果があったと考えられる。

　そのほか，新たなテーマランドとして設置された「トゥーンタウン」ができた1996年や「プーさんのハニーハント」ができた2000年，東京ディズニーシ

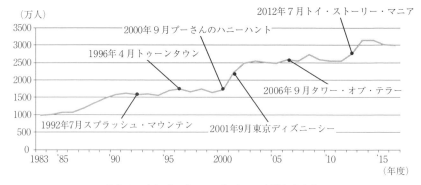

図序-1　東京ディズニーリゾート入園者数と出来事

（出所）オリエンタルランドウェブページ

ーのできた2001年,「タワー・オブ・テラー」が始まった2006年,「トイ・ストーリー・マニア」のできた2012年などに入園者が増えている。

　こうした人気のアトラクションの増加が,長期的な集客力の基盤だと考えられる。

④　リスク管理の巧みさ

　リスク管理の巧さや運のよさもあげられる。最近の天災として最大のものは東日本大震災だ。東京ディズニーリゾートは埋立地にあり,テーマパークとしては最大のピンチだった。しかし,震災時のキャスト（従業員）のサービスのよさが評判になり,2011年度は過去最高の入場者数となった。

⑤　立地条件のよさ

　立地条件のよさもある。巨大な都市圏のほぼ真ん中に立地（千葉県浦安市舞浜）しており,東京駅から約15分で舞浜駅に到着する。東京の人口はおよそ1000万人だが,神奈川や埼玉など近隣の都市を合わせて考えれば約4000万人の巨大な都市圏である。国際連合の人口都市圏ランキングでは世界の都市のなかで東京圏が第1位となっており,2014年で3783万人となっている（表序-2）。日

表序-2　都市圏人口ランキング

(1000 人)

	都市圏	国	人　口 (2014 年)	人口予測 (2030 年)
1	東　京	日　本	37,833	37,190
2	デリー	インド	24,953	36,060
3	上　海	中　国	22,991	30,751
4	メキシコシティー	メキシコ	20,843	23,865
5	サンパウロ	ブラジル	20,831	23,444
6	ムンバイ	インド	20,741	27,797
7	大　阪	日　本	20,123	19,976
8	北　京	中　国	19,520	27,706
9	ニューヨーク	アメリカ	18,591	19,885
10	カイロ	エジプト	18,419	24,502

（出所）国際連合 "World Urbanization Prospects, the 2014 Revision"

本は全体として人口減少が続くが，東京圏は 2030 年でも世界第 1 位の都市圏の見通しだ。

　遊園地の立地については，交通の不便な土地が多い。安くて広大な土地を取得するためには，多少都心から離れざるをえない。横浜ドリームランド（神奈川県横浜市戸塚区）が集客できず，閉園に追い込まれたのは，交通の便の悪さが大きい。

　開園当時は最寄駅が東西線浦安駅で，バスを使わなければならなかったが，1990 年の京葉線の全通で東京駅と直結し飛躍的に便利になった。東京駅は，東北新幹線（東京駅乗り入れは 1991 年）や上越新幹線の開通で便利になり，2015 年には北陸新幹線の開通で北陸地方とも直結した。さらに，上野東京ラインで常磐線沿線の水戸などとも直接つながった。こうした利便性の向上が東京ディズニーリゾートの地位を不動のものにしている。

⑥　経済情勢や景気も有利に働く

　日本経済の発展度合いとの関係でも開園のタイミングがよかった。東京ディズニーランド開園は 1983 年だが，その 10 年前でも 10 年後でもタイミングは

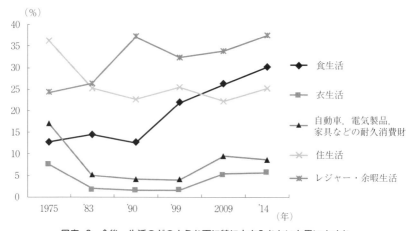

図序-2　今後，生活のどのような面に特に力を入れたいと思いますか

（出所）内閣府「国民生活に関する世論調査」

悪かっただろう。10年前の1973年であればオイルショックの影響を受け，10年後の1993年ならバブル崩壊の影響を受けた。

　ディズニーランドが開園した1983年は「レジャー元年」と呼ばれた。総理府広報室の「国民生活に関する世論調査」では，「今後，生活のどのような面にとくに力を入れたいと思いますか」（図序-2）という質問に，それまで1位だった「住生活」という回答を抜いて，「レジャー・余暇生活」が1位になった。

　ちなみに，ほかの調査項目をみても，現在とはちがう時代感覚がうかがわれる。「お宅の生活は，これから先，どうなっていくと思いますか」（図序-3）との質問に，1990年までは「良くなっていく」と回答した者のほうが多かったが，最近の調査では「悪くなる」が増えている。

　また，「今後の生活において，物の豊かさと心の豊かさかのどちらが重要ですか」（図序-4）という問いに対して，心の豊かさが重要と回答した者が優位になったのも1983年で，その後その比重は高くなっている。

　景気の動きも味方した。内閣府が発表する景気動向指数 CI 一致指数は，景気の動きを表す代表的な指標だ（図序-5）。景気と連動して動く約10個の経済指標を合成してつくったものだ。

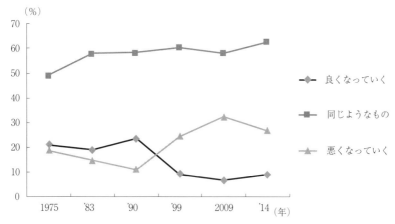

図序 -3　お宅の生活は，これから先，どうなっていくと思いますか

（出所）図序 -2と同じ

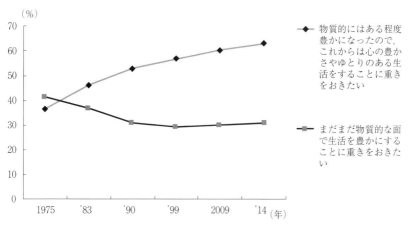

図序 -4　今後の生活において，物の豊かさと心の豊かさのどちらが重要ですか

（出所）図序 -2と同じ

　東京ディズニーランドの開園は 1983 年 4 月。景気の谷は 1983 年 2 月なので，景気拡大期に開園したことになる。その後円高不況で多少落ち込むが，その後バブル期が続き，開園後長期的な景気拡大期が続いた。大きく落ち込むのは開

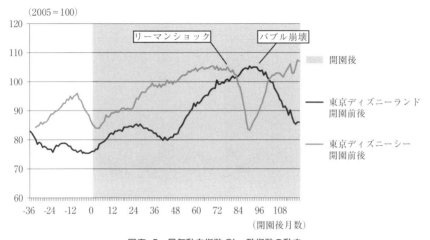

(2005＝100)

園後 7 年たったバブル崩壊だが，それまでに東京ディズニーランドは軌道に乗っていた。

　東京ディズニーシーの開園タイミング（2001 年 9 月）も絶妙だった。1990 年のバブル崩壊後日本は「失われた 10 年」と呼ばれる停滞期に入る。その後，景気拡大期に入ったのは 2002 年 1 月からだ。東京ディズニーシー開園から 4 カ月後に景気は反転した。開園のタイミングが早くても遅くても，現在の来園者数が集められなかった可能性がある。開園が前なら 1997 年に始まった金融システム不安の不況の影響があり，後ろなら，2008 年のリーマンショックが間近に迫った時期になった。景気のタイミングに合わせて開園したわけではないが，結果的には入園者数確保に追い風になったことは確かだろう。

　もっとも，景気が悪くてもうまくいく場合もある。その最たるものはミッキーマウスである。ミッキーマウスが初めて上映されたのは 1928 年 11 月 18 日だが，1929 年は大恐慌が起こった年である。株価が暴落し失業者が街中に溢れかえるような年の前年に誕生したのがミッキーマウスだ。

⑦ 強力なキャラクター

東京ディズニーランド開園後，現在でも変わらぬ人気があるのは，ミッキーマウスなどの強力なキャラクターがいるからである。このためにオリエンタルランドは約7％のロイヤルティを米ウォルト・ディズニー社に支払っている（第10章参照）。その費用以上の効果が東京ディズニーリゾートにはある。

しかし，東京ディズニーランドは最初から成功が約束されていたわけではない。開園前，東京ディズニーランドの建設費は予定を大幅に超えてしまった。このため当初計画から取りやめになったもの（ホテルビレッジなど）があった。それでも，妥協せずに質の高い大規模なテーマパークを完成させたのは，オリエンタルランドがリスクを取る姿勢をもち，強い信念があったためだ。

そもそも，ウォルト・ディズニーのアニメ制作は，新たなものをつくるために莫大な費用をかけて，リスクを取っている。リスクを取らずに成功することはないことを示している。

⑧ GDP統計との関連

経済学では，さまざまなものを産み出す活動のことを「生産」と呼ぶ。一般的な生産という言葉とは多少意味がちがうので注意が必要だ。鉄をつくったり，自動車をつくったりすることも生産だが，サービス業の活動も生産と呼ばれる。ホテルや喫茶店，小売店，そしてテーマパークの活動も生産となる。こうした生産活動の付加価値分を国内総生産（GDP）と呼ぶ。

そして，その生産活動を行うのに必要なものを生産要素と呼ぶ。生産要素は，労働力と資本設備とに分けて考えることが多い。ディズニーランドでいえば，キャスト（従業員）が労働力でアトラクションなどの設備が資本設備である。資本とは，巨額のお金のことで，それを用いてつくられた装置が資本設備である。ネイルサロンを開くための資本設備は数千万円単位の金額ですむかもしれないが，ディズニーランドの資本設備には1000億円単位のお金がかかる。

生産に影響するもので重要なものは生産性だ。同じ時間働いても，多く生産できる人は生産性が高い。物理的な労働や資本設備の量だけでなく，生産性も

重要な要素だ。全要素生産性（TFP）と呼ばれ，経済成長の大きな原動力となる。東京ディズニーリゾートは，アトラクションが魅力的でキャストの評価も高い。生産性が高いことを意味している。

コラム 東京ディズニーリゾート入園者の特徴

2016年度の地域別入園者数を地域別にみると，約3分の2が関東からの入園者だ。次いで中部・甲信越で，近畿と続く。比較的東京ディズニーリゾートに近い東北からの入園者数は全体の3.2%と少ない。海外からの入園者は最近増えており，2016年度は8.5％になった（第9章5節参照）。

その他国内 6.9
海外 8.5
東北 3.2
近畿 6.6
中部・甲信越 10.1
関東 64.7

第1章 レイアウトの工夫（建築学）

■この章のポイント■

　ディズニーランドにはさまざまな工夫がある。なかでも構築物へのこだわりは徹底している。その背景には，映画の技法の応用がある。虚構をつくる映画の仕組みを応用したのがディズニーランドである。

　テーマの設定，興味を引く建物，外界の遮断，ゴミ箱の多さなどにさまざまな工夫がみられる。

映画の技術	テーマ	ウィニー	外界の遮断	ゴミ箱の多さ
・強化遠近法 ・エイジング	・現実を忘れさせるテーマ ・東京ディズニーランドは時間軸で分ける ・東京ディズニーシーは空間で分ける	・シンデレラ城を中心に同心円上のレイアウト ・場所がわかりやすい	・外周には盛り土 ・レストランの食材は地下道から	・ポイ捨てをさせてないゴミ箱の多さ ・割れ窓理論の原理を使用

① レイアウトの工夫

　ディズニーランドを巨大な資本設備として捉えると，さまざまな工夫がそのなかにある。東京ディズニーランドで初めて工夫されたものは少なく，ウォルト・ディズニーが映画の技術を最初のディズニーランド建設で採り入れたものが多い（能登路，1990）。

　まず，テーマパークの入口が1つであることだ。これは，ウォルト・ディズニーが映画で体験するのと同じ感動をテーマパークで味わうことを意図していたことにある。カリフォルニアのディズニーランドも入口が1つだが，完成前には入口をほかにも設けようという案があった。しかし，ウォルト・ディズニーは遊園地をつくろうしているのではなく，テーマパークをつくろうとしていた。このため，入口を1つにすることにこだわった。

同じ入口から入るのは，テーマパークの始まりはみんな一緒だという考え方で，園内の回り方はさまざまだが，また同じところに戻って出て行くというのが重要だと考えた。

　映画の技法の応用の1つに遠近法がある（図1-1）。遠近法は，遠くのものを小さく，近くのものを大きく書くことで，絵画に立体感をもたせるものである。たとえば，空の上からみると平行な道路でも，道の上に立ってみると遠くにいくほど狭まって見える。ディズニーランドのレイアウトや建物は，これを巧みに利用している。

　遠いものは小さく見える。逆にいえば小さいものは遠く感じる。これを利用したのが強化遠近法（図1-2）だ。ディズニーランドのワールドバザールにある建物は，現実の建物に比べて低い。1階の高さは8分の7，2階は8分の5，3階は8分の4につくられている（能登路，1990）。見た目で高くみえる効果を狙っている。また，子どもにとっては，全体的に建物が小さく感じられ，安心感が得られるとされる。

　ワールドバザールの道幅自体も，入口からシンデレラ城に向けて幅が小さくなっているといわれている。山口（2009）が東京ディズニーランド以外の海外のディズニーランドのワールドバザールに相当する場所の道幅を調べたところ，そういう事実はないようだ。

　ちなみにこうした手法はディズニーランドの専売特許ではなく，龍安寺の石

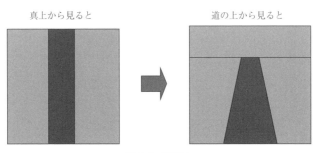

真上から見ると　　　　　　　道の上から見ると

図1-1　遠近法

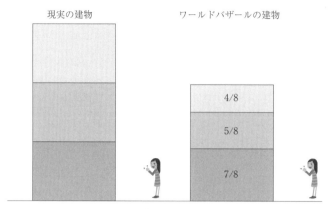

現実の建物　　　　　　ワールドバザールの建物

4/8

5/8

7/8

図1-2　東京ディズニーランドの強化遠近法

庭（龍安寺ウェブページ「遠近の謎」）にもみられる。土塀が遠くになるほど低く
なっており，東京ディズニーランドのワールドバザールと同様，空間を広く感
じさせるようにしてある。

　強化遠近法はシンデレラ城の石垣にも使われている。下のレンガは太く大き
く，上にいくほど，細く小さくなっている。いっぽう，「ミッキーのフィルハ
ーマジック」辺りにも城壁があるが，このような工夫はなく，同じ大きさの石
が積み重なっている。

　つぎに，エイジングという映画セットに関する技法である。新しいものを古
く見せる技法である。映画のセットなどに使われる。ディズニーランド以外で
も，レストランやホテルの壁やドアなどでも「エイジング塗装」として，古く
趣のあるような雰囲気を出すときに使われる。また，家具でも古い雰囲気を出
すために使われている。

　東京ディズニーランドでは，アドベンチャーランドの「ジャングルクルーズ・
ワイルドライフ・エクスペディション（以下，ジャングルクルーズ）」や「ウエ
スタンリバー鉄道」の辺りでその技法がみられる。たとえば，「ジャングルク
ルーズ」は旅行会社がボートでツアーをするという設定になっているが，その
船着場辺りの壁やボートなどは新しいものでも古く見せる工夫がしてある。事

務室には無線機や電話があるが，新品に見えないように，色があせていたり，一部壊れていたりする。そのほかにも，さまざまなエイジングの技術があり，枚挙に暇がない。

　また，色彩についても細かな配慮がある。シンデレラ城は欧州の中世のお城なのだから何色でもいいわけだが，白と青という寒色を使い，足元の地面は緑や茶色の暖色を使うことによってワールドバザールから見るとはるか遠くへそびえているように見える。寒色は遠くに見えるという心理を使ったものである。

　ちなみに，シンデレラ城の高さは51mと意外に小さい。開園当時は52m以上だと，航空機の衝突を避けるために赤いランプ（航空障害灯）を設置しなくてはいけないという日本の法律のためだ（現在は60m以上）。

　ディズニーランド・パリの眠れる森の美女の城はピンクで，香港ディズニーランドのお城は小さく，しかも背景に山が見える。美しさという点では東京ディズニーランドのシンデレラ城は，米国のシンデレラ城に引けをとらない。ちなみにシンデレラ城はフランスのユッセ城をモデルにしており（アイズナー，2000），色の配色はユッセ城と同じである。

② 東京ディズニーランド，東京ディズニーシーのテーマ配置

　東京ディズニーリゾートでの現実を忘れさせる工夫の1つがテーマの配置だ。東京ディズニーランドでは，テーマが時間によって分けられている。過去や未来，空想の世界はあるが，現在をテーマにした場所はない。入口から入るとまずワールドバザールがあり，シンデレラ城が真ん中にある。開園当時のテーマランドをワールドバザールの左側から右回りにみていくと，まず「アドベンチャーランド」がある（図1-3）。ここは「カリブの海賊」や「ジャングルクルーズ」がある冒険をテーマにした場所で，過去の世界である。「ウエスタンランド」は米国の西部をテーマにしており，「ビッグサンダー・マウンテン」がある。これも過去の世界である。「ホーンテッドマンション」や「イッツ・ア・スモールワールド」がある「ファンタジーランド」は空想の世界で現実から離れている。「スペース・マウンテン」のある「トゥモローランド」は過去から現在

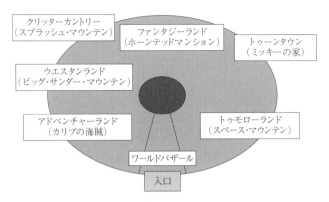

クリッターカントリー
（スプラッシュ・マウンテン）

ファンタジーランド
（ホーンテッドマンション）

トゥーンタウン
（ミッキーの家）

ウエスタンランド
（ビッグ・サンダー・マウンテン）

アドベンチャーランド
（カリブの海賊）

トゥモローランド
（スペース・マウンテン）

ワールドバザール

入口

図1-3　東京ディズニーランドのレイアウト

を飛び越えて，未来がテーマになっている。開園後にできた「スプラッシュ・マウンテン」のある「クリッターカントリー」はクリッター（小動物）の世界である。「ミッキーの家」のある「トゥーンタウン」はアニメーションの世界でこれも現実から遠い世界だ。

　いっぽう，東京ディズニーシーは，各エリアのテーマが主に空間によって分けられている。「7つの海」がテーマなので，7つの部分に分かれる（図1-4）。テーマランドの数は東京ディズニーランドと同じだ。まず，入口を入ってすぐのエリアは「メディテレーニアンハーバー」である。ザ・メディテレーニアンは地中海という意味だが，国としてはイタリアがテーマになっている。左側に行くと，20世紀初頭の米国がテーマになっている「アメリカンウォーターフロント」がある。奥には同じ米国の田舎の港町がある。そこを抜けると，未来をテーマにした「ポートディスカバリー」がある。最も奥にあるのが「ロストリバーデルタ」で，中南米をテーマにしている。「インディ・ジョーンズ・アドベンチャー：クリスタルスカルの魔宮」辺りにあるのはマヤ文明のピラミッドである。さらに進むと「アラビアンコースト」で，映画『アラジン』などアラビアをテーマにしたエリアになっている。ディズニーシーの中心部には，SFをテーマにいた「ミステリアスアイランド」，映画『リトル・マーメイド』

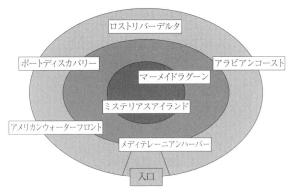

図1-4　東京ディズニーシーのレイアウト

の人魚の世界の「マーメイドラグーン」がある。

③　顧客をひきつけるシンデレラ城

　能登路(1989)によれば，「ウィニー」とは，ショービジネスの隠語で魅力的なものを表す。ウィンナーソーセージの略だといわれる。ウィニーはテーマパークなどアミューズメント施設にとっては大事なもので，子どもたちがついそちらのほうに向かってしまうものである。たとえば，遊園地に楽しそうな音楽を奏でている楽隊があったら，子どもたちは駆け寄っていくだろう。おもしろそうな大道芸をやっていると人だかりができる。

　こうしたウィニーの存在をウォルト・ディズニーは重視していた。そして，ディズニーランドのウィニーとしてシンデレラ城をあげている。ワールドバザールを通った人々は，シンデレラ城に引き寄せられていく。中心のお城近くまで人々が集まってから，四方八方へと散らばっていくというシステムがつくられている。

　たしかに，広大なテーマパークのレイアウトが複雑だと自分のいる位置がわかりにくい。しかし，お城を中心に同心円状にパーク全体がつくられていることが理解できれば，入口からお城までの距離を半径とした円を思い浮かべて全

体の大きさを把握することができる。

④ 外界を遮断するための目隠し

　東京ディズニーランドの特徴の1つは，テーマパーク外の景色を徹底的に遮断していることである。夢の世界から，外界は見えないようにつくられている。

　外界の遮断は結構むずかしい。たとえば，富士急ハイランドでは，どこに行っても富士山が見える。ユニバーサル・スタジオ・ジャパンからは高速道路や高層のホテルが見える。ディズニーランドにもシェラトン・グランデ・トーキョーベイ・ホテルなどのオフィシャルホテルがあるし，葛西臨海公園の観覧車なども近くにある。東京ディズニーランド，東京ディズニーシーのそれぞれのシンボルであるシンデレラ城とプロメテウス火山がお互いに見えてもおかしくない。

　外界の遮断は偶然できたわけではなく，さまざまな工夫の上で成り立っている。まず，「バーム」という盛土が東京ディズニーランドの周りに張り巡らされている。その上に木を植えているのでかなりの高さになる。オフィシャルホテルは少し離れているし，高層建築にはなっていない。

　ちなみに，やむをえず外界が見えてしまう場所もある。アドベンチャーランドの「スイスファミリー・ツリーハウス」は歩いて回るアトラクションだが，大きな木に沿って歩くとかなり高いところまで上がることになる。見晴しのよいところに行くと，葛西臨海公園の観覧車や高層ビルがかすかに見える場所がある。

　遊園地には必ずある観覧車がないことも東京ディズニーリゾートの特徴だ。

図1-5　バームで目隠し

観覧車をつくってしまうと高い場所から東京ディズニーリゾートを見下ろすことになる。上から東京ディズニーリゾートをみると，テーマパークとそのほかの世界の境界線がはっきり見えてしまう。観覧車に乗っている人は，夢の世界だけにいられなくなるため，観覧車はつくられないのだろう。

　もっとも，世界中のディズニーパークを探せば観覧車がないわけではない。ディズニー・カリフォルニア・アドベンチャーには観覧車がある（ミッキーのファンウィール）。しかも，周りの輪にゴンドラが固定されていないため，左右に動くスリル満点のものだ（固定されているものもある）。この観覧車からは，かなり遠くまで見わたせる。

⑤　食材を運ぶ地下道

　東京ディズニーランドは，ほかのテーマパークが追随を許さないほどのこだわりをもっている。その1つが，食材やゴミの運び方である。パーク内で食材やゴミを運ぶのを見ると，現実に引き戻されてしまう。しかし，東京ディズニーランドではそうした光景に出会わない。ゲストの目にふれない仕組みがあるからだ。

　レストランのうち，その裏手が外周に沿っているものは簡単だ。外周に沿っ

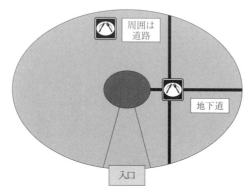

図1-6　ディズニーランドの地下道の概念図

て道路が走っているので，裏口から食材やゴミを出し入れできる。しかし，外周に沿っていないレストランではその手が使えない。こうしたレストランでは，地下道を使って食材やゴミの搬送をしている（図1-6）。

⑥　ゴミ箱と割れ窓理論

　ディズニーランドには道端に落ちているゴミが少ない。これは「割れ窓理論」を実践しているからだといわれている。「割れ窓理論」は，米国の犯罪学者ケリング教授が唱えた説で，犯罪の起こる原因を説明したものである。この理論を応用してニューヨークの犯罪が激減したとされる（ケリング・コールズ，2004）。

　街の治安を保つためにはたった1つの「割れた窓」も放置してはいけない，という理論だ。1つの割れた窓を放置すると，その近くの窓が割られる。割られる窓が増えるとビル全体が荒廃していく。それは街全体に悪影響を及ぼし，犯罪が増えるという連鎖が働くというものだ。

　テーマパークにたとえれば，1つのゴミでも放置していてはいけないということだ。小さなゴミでも放っておくと，近くにまた新たにゴミを落とす人が現れる。ゴミが増えるとますますゴミは捨てやすくなり，ゴミが散乱することになる。

　大学の授業でもそういう現象が起きる。全員が静かな授業では誰もしゃべらない。何かのきっかけで，私語が始まる場合がある。それを見逃してそのままにすると別のところで私語が始まる。それは連鎖的に広がり，教室全体が騒がしくなる。最初に話しはじめた人を注意することが大事なのである。

　ディズニーランドでは，徹底的にゴミを「取り締まる」姿勢ができている。カストーディアル（清掃担当者）が放置してあるゴミを即座に回収する。また，ゴミのポイ捨てを防止するために，ディズニーランドにはゴミ箱が非常に多い。これは，「人がゴミを持ち歩けるのは10メートルまで」という説があり，このため8メートルおきにゴミ箱が置いてあるという。これに関する出典は，『クーリエ・ジャパン』2012年7月号に引用されている『ニューヨーク・タイムズ』の記事である。それによると，人間がアメの袋をポイ捨てしない距離は27歩

までという結果があり，それからディズニーランドのゴミ箱の間隔が決められ
たという記述がある。

第2章 ディズニーランドの歩み（日本経済史）

■この章のポイント■

　この章では，東京ディズニーリゾートの歩みを振り返ることで，日本経済への理解を深めていきたい。東京ディズニーランドは1983年に開園した。その頃の経済情勢と現在を比べた。その後の入園者数の動きは，日本経済の動きで説明できるものが多い。

　また，東京ディズニーリゾートを運営するオリエンタルランドの歴史も紹介する。東京ディズニーランドや東京ディズニーシーができた経緯や同社がかかえている課題なども考える。

入園者数の動き

GDPの動き	1983年

日本経済の歴史	入園者数の動き	経済指標の動き

オリエンタルランド

ディズニーランド開園まで	ディズニーシー開園まで	ディズニーからの脱却

1　日本経済とディズニーランド

　現在，多くの大学生が「平成生まれ」になっている。彼らにとって東京ディズニーランドが開園した1983年ははるか昔の時代だろう。さらに遡った高度経済成長期はもはや「歴史」である。しかし，戦後の日本経済を振り返ることは，今後の日本経済を考えるうえでも役に立つ。また，東京ディズニーリゾートの歴史を考えるうえでも日本経済の影響は切り離せない。

戦後の日本経済はおおまかに，10年ごとの区切りで考えることができる。第二次世界大戦が終わったのが1945年である。戦後の混乱期を経て，経済大国としての道を歩んだ日本経済の歴史を簡単に振り返ってみよう。

　① 1950年代：戦争で荒廃した日本が復興していく時代

　『経済白書』が「もはや戦後ではない」と書いたのは1956年で，戦後約10年たった時点である。その頃から日本経済は高い成長を続けていく。

　② 1960年代：高度経済成長期の時代

　10%を超える実質GDP成長率が続いた（図2-1）。2000年代初めの中国と同じくらいの高成長である。1964年には東京オリンピックが開催され，それを機に，高速道路や新幹線などが整備された。

　③ 1970年代：オイルショックが起こった激動の時代

　原油価格が高騰し，トイレットペーパーの買い占めなどがあった。高度成長期から一転して成長率が低下し，エネルギー多消費産業から省エネルギー産業へと産業構造が変化した。

　④ 1980年代：バブル経済の時代

　株価や地価が高騰し日本経済が実力以上に活発になった。1980年代後半は

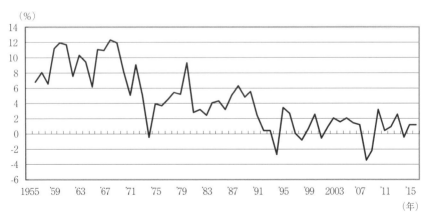

図2-1　実質GDP成長率の推移

（出所）内閣府「国民経済計算」

実質 GDP 成長率も高まったが，高成長は長くは続かなかった。

⑤1990 年代：バブル崩壊の時代

株価や地価が暴落した。銀行には回収困難な不良債権が増加し，貸し渋りなどを理由に低い成長率が続いた。アジア通貨危機，金融システム不安なども起こった。

⑥2000 年代：輸出主導による日本経済の復活と世界金融不況による大打撃を受けた時代

中国の高成長で輸出が伸び，不良債権問題も解決したが，米国発の金融危機でリーマンショックが起こる。日本経済はマイナス成長に陥り大打撃を受けた。

⑦2010 年代：アベノミクスの時代になりそう

安倍晋三首相の就任以降株価が上昇傾向にあり，デフレ傾向も薄れた。ただ，2014 年 4 月の消費税の税率引き上げで消費が低迷した。その後は，低成長ながらも景気拡大期が続いている。

② 東京ディズニーランド開園後の入場者数と日本経済

開園以来の入園者数の推移をみてみよう（図2-2）。2001 年 9 月に東京ディズニーシーが開園し，現在は 2 つのテーマパークがあるが，入園者数としては，東京ディズニーランドと東京ディズニーシーを合わせた数のみが発表されており，各テーマパークの入園者数は公表されていない。

開園当初の入園者数は約 1000 万人だったが，1980 年代後半のバブル経済時代には入園者数が右肩上がりで増えた。バブルが崩壊した 1990 年代は入園者数が一時的に減少する年もあったが，減少傾向が続くことはなかった。2000 年 7 月にイクスピアリが開業し，2001 年 9 月には東京ディズニーシーが開園した。

東京ディズニーシーは当初入園者数の確保に苦労したが，「タワー・オブ・テラー」「ダッフィー」などで人気がでて，入園者数を増やした。2011 年 3 月には東日本大震災が起こり，東京ディズニーリゾートは一時休園することになったが，その後急速に入園者数を伸ばした。2013 年度は，東京ディズニーリゾート開園 30 周年で，さらに入園者数を増やした。

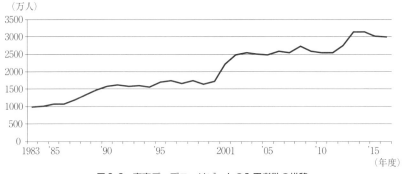

（万人）

図2-2　東京ディズニーリゾートの入園者数の推移

（出所）オリエンタルランドウェブページ

③ **東京ディズニーリゾート入園者数の推計**

　日本経済全体の動きと東京ディズニーリゾートの入園者数にはかなり強い相関がある。図2-2の東京ディズニーリゾートの入園者数の動きを改めてみてみよう。2001年度に入園者数が跳ね上がっているのは東京ディズニーシーができたためだ。この動きを除けば，実質GDPの動きとかなり近い。それを示すために最小二乗法による推計を行ってみた。

　東京ディズニーランドと東京ディズニーシーの入園者数の合計を被説明変数，実質GDP（国内総生産）を主な説明変数として推計した。2001年9月に東京ディズニーシーができた部分は，2000年度まではゼロ，2001年度は0.58（=7ヵ月/12ヵ月），2002年度以降は1というダミー変数（DSi）を使って処理した。

　Yi が東京ディズニーリゾートの入園者数，Xi が実質GDP，ui が誤差項である。推計期間は1983年度から2016年度までだ。

$$Y_i = -605.4 - 2041.7DS_i + 5.16X_i + 5.64DS_i{}^*X_i + u_i$$
$$\quad\ (-2.81)\quad (-2.22)\quad\ (9.71)\quad\ (3.01)$$

$$R^2 = 0.972 \qquad \bar{R}^2 = 0.970 \qquad s = 116.37 \qquad D.W. = 1.07$$

（注）かっこ内は t 値。R^2 は決定係数，$\bar{R}^2$ は自由度修正済み決定係数，s は標準誤差，D.W. はダービン・ワトソン比を示す。

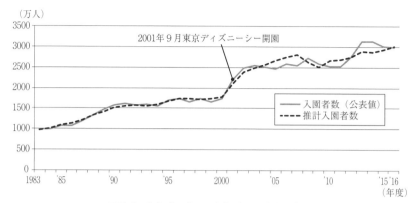

（万人）

図2-3　東京ディズニーリゾート入園者数の推計

（出所）オリエンタルランドウェブページをもとに筆者作成

推計結果をみると，各変数のt値は有意で，自由度修正済み決定係数は0.970とかなり高い。2013，2014年度をみると実質GDPから推計した入園者数に比べて推計値が多くなっており，マクロ経済から予測する以上に入園者数が増えていたことがわかる（図2-3）。

④ 1983年という年

1983年に東京ディズニーランドは開園した。その頃の気分を知るためには流行語大賞の言葉が手がかりになるが，流行語大賞はまだなかった。1984年の「おしん」が流行語大賞の最初だからだ。

ヒット曲は「初恋」（村下孝蔵），「めだかの兄妹」（わらべ），「さざんかの宿」（大川栄策），「探偵物語」（薬師丸ひろ子），「ガラスの林檎」（松田聖子），「CAT'S EYE」（杏里），「時をかける少女」（原田知世）などである。クリスマスには毎年かかるようになる山下達郎の「クリスマスイブ」はこの年に発売されたアルバム『MELODIES』に収録されている。村上春樹に『1Q84』という小説があるが，その舞台の1年前である。経済学の便利なところは，いくつかの数字でその頃の様子が想像できることだ。

内閣総理大臣は中曽根康弘，米国の大統領はロナルド・レーガンである。実質 GDP 成長率は 2.5%，日経平均株価は 9322 円 97 銭，対ドル円レートは 1 ドル =236 円，失業率は 2.7%。景気基準日付をみると，1983 年 2 月が景気の「谷」である。つまり，2 月以降景気拡大局面となっている。

　実質 GDP 成長率は 3% に及ばず，この時代にしては低めである。しかし，景気が谷を迎えていることでわかるように，この後成長率が高まっていく。いわば助走の年だった。株価は 30 年後の水準とあまり変わらない。失業率は現在の半分くらい，為替レートはプラザ合意前なので 1 ドル =236 円だ。

　1983 年と現在との比較をしてみよう。当時日経平均株価は 9322 円だった。その後，バブル景気で株価は急上昇し，一時 3 万 9000 円まで上昇する。その後急速に下落し，1983 年の水準より低くなったこともあった。現在は 2 万円程度である。

　為替レートも当時に比べれば大きく変動した。当時は 1 ドル =236 円だった。為替レートの変動という意味では画期的である「プラザ合意」の前なので，かなり円安の水準だ。プラザ合意は，1985 年にニューヨークのプラザホテルで開催された会合で，日本の為替レートを円高にしようという話し合いだ。日本の経常収支黒字が大きいため，為替レートを円高方向にして黒字を減らそうという考えからだ。日本からは宮沢大蔵大臣や澄田日銀総裁が参加した。これをきっかけに，為替相場は大きく円高に進む。

⑤　幻のオリエンタルランド

　本節では，開園からさらに遡って，オリエンタルランドの歴史を振り返ってみよう。オリエンタルランドが設立されたのは 1960 年である。1983 年に東京ディズニーランドが開園することを考えれば，はるか昔に設立されたことになる。株式会社オリエンタルランドは，「浦安沖の海面を埋め立て，商住地域の開発と一大レジャーランドの建設を行い，国民の文化・厚生・福祉に寄与すること」を目的に，1960 年 7 月 11 日に設立された。

　高度経済成長期，工場などから排出される汚水によって，浦安周辺の海は汚

れ，漁業に多大の損害が生じていた。千葉県は埋め立てによって土地を開発し，漁業に代わる新しい産業の可能性を模索した。

　1950年代後半には浦安の埋め立て計画を立案し，レジャー施設の建設や住宅地，商業地を造成しようとした（図2-4）。それを受けて，京成電鉄と三井不動産，そして朝日土地興業（その後，三井不動産に吸収合併）の3社によって，オリエンタルランドが創設された。

　埋立工事の委託を受けたオリエンタルランドは1964年に着工した。1966年には現在の東野・富岡・今川・弁天・鉄鋼通り地区の埋立工事が完了した。その9カ月後に工事をスタートさせた現在の海楽・美浜・入船地区も1969年に完了し，1970年，残る現在の舞浜地区の埋立工事が完了した。 この舞浜地区

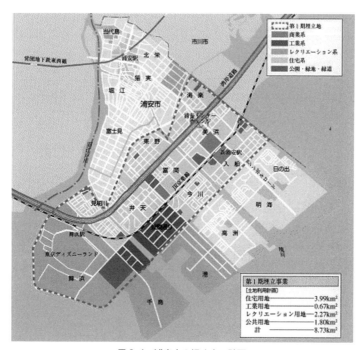

図2-4　浦安市の埋め立て計画
（出所）浦安市「市街地環境情報ブック」より

の一部に，現在の東京ディズニーリゾートが位置する。その後，各埋立地は住宅用地や商業用地などとして開発が進められた。

オリエンタルランドは，東京ディズニーランド誘致以前に「オリエンタルランド」というレジャー施設を構想していた。1973年に発表された基本計画の図面によると，遊園地よりもスポーツ施設がメインだ（図2-5）。

テーマ別にみると，①インターナショナルファッションスクエア，②プレイランドの2つがあり，宿泊施設は①ビジネスホテル，②ファミリーイン，③インターナショナルプラザホテル，④スチューデントホテルと4つのグレードがある。

また，マリーナがあり，ヨットが浮かんでいる。そのほか，スイミングプールや多目的ホールもあり，プールも結構規模が大きい。多目的ホールではスケートができる。そのほかは，ほぼスポーツ施設である。総合スポーツグラウンドのほか，野球場3面，陸上競技場2面，テニスコート37面，ゴルフの打ち

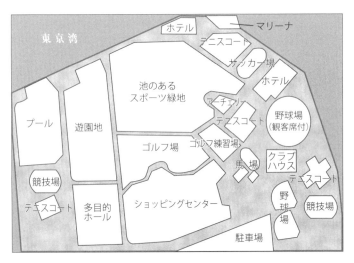

図2-5　オリエンタルランドのレイアウト

(出所)「オリエンタルランド創立50周年記念誌」を参考に筆者作成

っぱなし，馬場，アーチェリー，サッカー場1面などがある。

　これが実現していたとしたら，現在どうなっていただろうか。さまざまなスポーツの需要や，遊園地の中身にもよるかもしれないが，結果を検討する価値はある。

　年間1000万人の入園者を見込むとすると，1日2万7000人が必要となる。スポーツ施設で毎日これだけの入場者があるかどうかは疑問ではある。また，これだけ広大な土地をどのような手段で移動するのかはわからない。自家用車で移動するとすれば，広い駐車場が必要となるが，考慮されていないようだ。

⑥　東京ディズニーランド開園までの努力

　当初構想していたオリエンタルランド構想から，ディズニーランド誘致へと変わったのは，当時の京成電鉄社長川崎千春の決断である。川崎は1958年にバラ園で販売するバラの買い付けで米国に行き，ディズニーランドに立ち寄った。「こんな世界を日本の子どもたちにも見せてやりたい」と考え，ディズニーランド誘致を決めた。バラ園は，現在も谷津バラ園（習志野市）として存在する。

　開園当時の社長高橋正知も開園を実現するための重要人物だ。高橋は東大法学部卒で，戦争中ラバウルへ行っている。浦安地区の漁業組合の交渉を精力的に進めたことで知られている。また，富士石油販売の役員を経験し，酒豪としても知られ，「相手を本気でくどくなら彼らが初めていくような料亭に接待することだ」という方法で信頼を集める。ワールドバザールの窓に founder（創設者）としてその名前が残る。

　ディズニーランドの誘致は簡単ではなかった。1960年代前半は門前払いだった。ディズニーランドを無断で真似たといわれている奈良ドリームランドの件で，米ウォルト・ディズニー社は日本によい印象をもっていなかったといわれている（馬場，2007）。

　それが変わったのは，1970年代のディズニーワールドの完成である。米ウォルト・ディズニー社は，フロリダの次の展開を模索していた。1974年米ウ

ォルト・ディズニー社の会長が来日した。オリエンタルランドが舞浜を，ライバル会社（三菱系）が富士の裾野を推した。

　2つの候補地（浦安と富士山麓）から米ウォルト・ディズニー社が浦安に決めた理由は，馬場（2007）に詳しい。

　東京ディズニーランドを誘致したのは，三井不動産と三菱地所を中心とした2つの陣営だ。三井不動産は浦安の埋立地，三菱地所は富士山麓を候補地とした。三井不動産とオリエンタルランドは，米ウォルト・ディズニー社の幹部たちの好きな酒や食べ物を用意し，ヘリコプターを使って舞浜の上空を視察した。

　いっぽう三菱地所側の提案は，三菱地所所有の300万坪以上に及ぶ広大な土地だった。三菱地所が候補とした富士山麓とはどこなのか。富士山麓というと，現在の富士急ハイランドを思い浮かべるが，富士急ハイランドはすでに開園していた（1964年開園）。江戸英雄の『三井と歩んだ70年』には，自動車レースを行う富士スピードウエイと書いてある。富士スピードウエイは誘致以前からあったが，これを閉鎖してディズニーランドを誘致しようという構想だった。しかし，日本の象徴の富士山や自然に囲まれた立地は，人工の楽園，ディズニーランドにはふさわしくなかった。また，都心から遠いことも問題となった。

　結果としては，三井不動産に軍配が上がる。日本の象徴富士山が見えることは，ディズニーランドとしてはメリットがないとの判断らしい。ディズニーランドは，外界と隔絶された独自の世界をつくることが必要なためだ。

　ディズニーランドの着工決定から，実際の開園までも平坦な道のりではなかった。米ウォルト・ディズニー社の要求するテーマパーク設備への水準が高く，計画前は1000億円だった工事費が1800億円へと膨らんだ。これらの資金を調達するため，千葉県からお金を借りることになった。

　また，ディズニー社とのロイヤルティの交渉も難航した。ディズニーランドの開園当時，オリエンタルランドに対する米ウォルト・ディズニー社のロイヤルティの要求水準は高かった。最初は，「契約期間90年，すべての収入に対して10%」という要求だった（上澤，2008）。

　しかし，交渉の末，ロイヤルティ10%は変わらないが，ロイヤルティの対

表 2-2　開園当時のロイヤルティ決定の経緯

	当初案	最終決定
ロイヤルティ	入場料収入や販売額の10%	入場料収入や販売額の10% （ロイヤルティ対象エリア半減）
契約期間	90年	45年

表 2-3　東京ディズニーランドができるまで

	内　容
1972年5月	レジャー施設第一次調査団を米国に派遣
1973年7月	レジャー施設第二次調査団をヨーロッパに派遣
1974年1月	「オリエンタルランド商住地開発計画1973」を千葉県が承認
2月	オリエンタルランドは米ウォルト・ディズニー社へ正式に誘致を申し入れ
7月	米ウォルト・ディズニー社に対し，浦安開発地域の適地性などついてまとめた研究レポート「Oriental Land Feasibility Study Report 1974」を提出
8月	「オリエンタルランド（レジャー施設）基本計画書」を千葉県が承認
12月	ディズニー首脳が来日し，業務提携について基本的に合意
1977年3月	テーマパークの名称を「東京ディズニーランド」と，正式に決定
1979年4月	ディズニー本社で，「東京ディズニーランドの建設および運営に関する契約」（基本契約）調印
1980年8月	協調融資団結成
12月	「東京ディズニーランド」起工式挙行
1981年4月	「東京ディズニーランド」建設工事開始
1983年4月	「東京ディズニーランド」開園

象となる面積を全体の63万坪のうち，25万坪とするという条件を得た。全体の面積に対するロイヤルティの比率は約4.0%（=10%×25/63）となる。開園当時は東京ディズニーランド運営にすべての用地を使っているわけではなく，東京ディズニーランド関連の土地を対象にロイヤルティを計算するという考え方である。

　その後，東京ディズニーシー開園時には，商品販売収入，飲食販売収入のロイヤルティについては5%となり，現在に至っている。

7 東京ディズニーシーができるまで

　東京ディズニーランドに続く第2テーマパーク構想にはさまざまな案があった。そもそもテーマパークではなく「街」をつくるという構想もあり，海をテーマにしたテーマパークというコンセプトにも幅があった。

　東京ディズニーランドは女性客が約7割を占める。新たな顧客開拓という意味では，第2パークは男性をターゲットにするべきだという案もあったはずだ。女性向けのディズニーランド，男性向けの第2パークというコンセプトだ。

　事実，米ウォルト・ディズニー社が提案した東京ディズニーシーの当初案は，「冒険」を中心とした10代男性が喜びそうな内容だった。しかし，オリエンタルランドは，その案に反対した。加賀見会長は米ウォルト・ディズニー社とのコンセプトを詰める会合で「モア・ロマンチック！」と叫んだと述壊している（加賀見，2003）。オリエンタルランドの意向で，東京ディズニーシーは，ロマンチックな要素を多分にもったテーマパークになった。

　オリエンタルランドが第2パーク構想を発表したのは開業5年目の1988年の記者会見の席上だ。東京ディズニーシーができたのは2001年なので，構想から実現まで14年かけたものとなる。それに先立ち，米ウォルト・ディズニー社はさまざまな提案をしている。1986年1月，舞浜地域の開発をめざして「東京ディズニーワールド構想」を提案した。1987年には，7つのテーマをもつゾーンで構成された「ディズニーシティ」のコンセプトを描いてきた。これらは，舞浜地域の開発に関する提案で，第2パークの提案というわけではなかった。

　その後，第2パーク導入が提案され，1988年の記者会見での発表となった。しかし，この時点で東京ディズニーシーが計画されていたわけではない。第2パークとして米ウォルト・ディズニー社が最初に提案してきたのは，映画スタジオをベースにした「ディズニー・ハリウッド・マジック」である。しかし，オリエンタルランドの高橋会長と森社長が米国のディズニーMGMスタジオ（現在のハリウッドスタジオ）を視察して，このテーマパークは日本に向かないと判断した。映画をテーマとすることに対して，疑問があったためだ。巨大な映画産業をもち，映画に対する思い入れが日本人とは比較にならない米国人であれ

ば何度も訪れるかもしれないが，これを日本にもってきても成功はしないと考えた。オリエンタルランド側が米ウォルト・ディズニー社の提案を拒否したかたちになる。多額の違約金を払っての決断だ。

　フランク・ウェルズ米ウォルト・ディズニー社社長は非常に落胆したが，オリエンタルランドに対する基本的な信頼は失っていなかった。1992年7月に，米ウォルト・ディズニー社は「東京ディズニーシー」のコンセプトを提示した。同社コンセプトチームが発表した案は，男性ティーンエージャーが喜びそうな「全体的に冒険が強調された，東京ディズニーランドとはかなりイメージの異なるパーク」（加賀見，2003）だった。冒険には自然との闘いや孤独感がつきものだが，一方でどことなくさみしいイメージがある。海底や地底に潜るアトラクションが多数用意されていたために冷たい印象も否定できなかった。オリエンタルランド側では，米ウォルト・ディズニー社の提案に漂っている暗さ，さみしさはなんとしても排除したかった。冒険色の強いイメージからロマンチックなパークへと転換するように交渉した。

　また，当初案では新しい試みとして生きた動物が登場していた。50羽のペンギンやイグアナなどである。しかし，高橋会長は生き物を見世物的に扱うことには反対し，この企画は実現しなかった。

　最も大きな問題で，長い間懸案となったのは，東京ディズニーシー全体のアイコン（シンボルとなる建築物）である。東京ディズニーランドのアイコンはシンデレラ城だ。それに見劣りしない，21世紀を感じさせるメッセージ性があり，ダイナミックかつ温かいイメージのシンボルを，高橋会長は探していた。米ウォルト・ディズニー社は灯台を提案した。しかし，日本人には灯台は岬の先にあるさみしい建物というイメージがある。また，ビジュアル的に弱く，メッセージを伝える力がない。そこで，水の惑星地球を表現したアイコン「ディズニーシー・アクアスフィア」になった。いよいよ工事入札というとき，仕様書を見て，「難しすぎてできない」と降りる会社がいくつかあった。それほど高度で最新の技術が使われている。こうした経緯を経て東京ディズニーシーは着工され，2001年に開園する。

表2-4　東京ディズニーシーができるまで

	内　容
1986年1月	ディズニー社が「東京ディズニーワールド構想」提案
1987年	ディズニー社が7つのテーマをもつゾーン「ディズニーシティ」提案
1988年4月	オリエンタルランド「第2パーク構想」計画発表
1990年10月	ディズニー社が映画スタジオをベースにした「ディズニー・ハリウッド・マジック」を提案
1991年9月	オリエンタルランド，ディズニー社の提案に反対
1992年7月	ディズニー社「東京ディズニーシー」コンセプトを提示
1993年1月	ディズニー社が「マスタープラン」提示
1994年6月	オリエンタルランドが「コンセプトチーム」結成
1998年10月	ディズニーシー着工
2001年9月	ディズニーシー開園

8　脱ディズニー戦略

　オリエンタルランドは，東京ディズニーリゾートという巨大な収益源をもっているが，リスクマネジメントという面からは東京ディズニーリゾートだけに頼るというのは，不安定でもある。契約は，45年間有効だが，環境が大きく変わって東京ディズニーリゾートに思うように客が来ないという可能性もある。

　オリエンタルランドは独自の収益源をみつけようとして試行錯誤している。成功したのは，2013年度の全体の売上高4736億円のうち，85億円がイクスピアリからの事業となっている。しかしその金額は，全体の1.8%で依然少ない。

　キャンプネポスという託児所，子どもの教育施設をイクスピアリの入口につくったこともあった。ネポス・ナポスというキャラクターもつくった。しかし，これは2008年に閉鎖された。

　経営難に陥ったハウステンボスの支援も検討された。長崎のハウステンボスをディズニーのテーマパークとして再生するという案だ。しかし，500億円を超す巨額な投資が必要とわかり，最終的に支援見送りを決めた（『日本経済新聞』2003年5月8日付朝刊）。

　地方都市に対する構想もあった。2007年5月に発表されたオリエンタルランド中期計画「Innovate OLC 2010」では，地方都市に映画館やレストランを

併設した屋内型エンターテイメント施設の建設・運営を計画していた。これも採算が厳しいとして見送られた。

　大阪で劇場運営する案はかなり具体化された。JR大阪駅近くの日本郵政とJR西日本が建設する大型複合ビルに，1700席規模の劇場をつくり，運営するという計画だ（2008年12月5日付オリエンタルランドプレスリリース）。当初は11年開業が予定されたが，ビル建設が延期されたため，進出計画を白紙撤回した（『日本経済新聞』2010年5月21日付朝刊）。

　オリエンタルランド会長の加賀見は，舞浜以外で推進するプロジェクトとして，ウォーターパークやスキー場などをあげ，東南アジアへの進出も視野にあると発言していた（『日経産業新聞』2008年4月16日付）。

　最近の成功例といえるのは，ブライトンホテル買収である。ブライトンコーポレーションは，浦安ブライトンホテルや京都ブライトンホテルを運営している。現在，オリエンタルランドは子会社を通じて東京ディズニーランドホテル，ディズニー・アンバサダーホテル，ホテルミラコスタ，東京ディズニーセレブレーションホテルを運営しているが，それに，新浦安と京都のホテルが加わっ

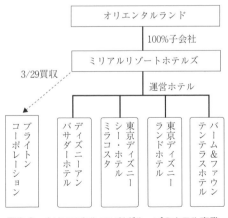

図2-6　オリエンタルランドグループのホテル事業

（出所）『日本経済新聞』2013年2月26日付をもとに作成

（注）パーム＆ファウンテンテラスホテルは2016年6月，東京ディズニーセレブレーションホテルに改装。

ていることになる。

　京都ブライトンホテルは高級ホテルとして知られているが，それがオリエンタルランド傘下になることの意味は大きい。オリエンタルランドはディズニー以外の収益源を求めてさまざまな検討をしてきたが，実現されないままだった。オリエンタルランドは，このとき初めて浦安以外のホテルを手に入れることになった。

⑨　東京ディズニーランドの再開発

　東京ディズニーリゾート30周年を迎えたころから，入園者数の増加による混雑現象が深刻化していった。顧客が来ることは人気の証だが，顧客満足度調査では，満足度の低下が報告された。

　これに対して，オリエンタルランドは大きな改革を行う方針を示した。2014年4月に発表した「2016中期計画」では，10年間（2015年3月期～2024年3月期）で5000億円の投資をすることを宣言した（表2-5）。

　具体的な案は，2014年10月に公表され，東京ディズニーランドではファンタジーランドを2倍にし，東京ディズニーシーに新たなテーマポートを建設すると発表した。2015年4月には，その具体案が発表された。東京ディズニーランドでは，「美女と野獣」「不思議の国のアリス」，東京ディズニーシーでは，「アナと雪の女王」を含む北欧をテーマとしたテーマポートの建設である。

　ところが，2015年12月には構想の延期が発表され，2016年4月に改訂版の計画が発表された。東京ディズニーランドについては，『美女と野獣』エリアは予定どおりだが，『不思議の国のアリス』エリアは中止された。いっぽうで，ライブエンターテイメント施設，ベイマックスをテーマとした施設，ミニーマウスのグリーティング施設が追加された。

　東京ディズニーシーについては，「北欧」をテーマにしたエリアは中止され，フライトシミュレーター型アトラクションである「ソアリン」が建設されることになった。2017年4月には大規模エリアの起工式が行われた。2019年度にソアリン，そのほかのものは2020年にオープン予定だ。東京ディズニーラン

表2-5　今後の計画

	2015年4月案	2016年4月案		
東京ディズニーランド	美女と野獣	美女と野獣	2020年春	320億円
	不思議の国のアリス	−		
	−	ライブエンタテイメントシアター	2020年春	170億円
	−	ベイマックスのアトラクション	2020年春	60億円
	−	ミニーマウスのグリーティング施設	2020年春	20億円
東京ディズニーシー	−	ソアリン	2019年度	180億円
	「北欧」をテーマにした新テーマポート	−		

ド35周年である2018年度は,「イッツ・ア・スモールワールド」のリニューアルと新プロジェクションマッピングが予定されているが, アトラクションの新設がない年となる。

　会社の種類

　日本の会社の形態は会社法によって決められている。会社法は，8編からなっている。このなかで，株式会社（第二編），持分会社（第三編），外国会社（第六編）の3種類の会社について規定している。

　持分会社は，合名会社（全員が無限責任社員），合資会社（無限責任社員と有限責任社員），合同会社（全員が有限責任社員）の総称である。

　有限責任の会社はかつて有限会社があったが，現在はない。全員が有限責任の合同会社は株式会社と似ているが，株式会社は経営と所有が分離しているのに対し合同会社は経営と所有が一致しているところが異なる。設置費用は合同会社のほうが安価となる。会社の多くを占めるのは株式会社でオリエンタルランドも株式会社である。

会社法（平成十七年七月二十六日法律第八十六号）
　　第一編　総則
　　第二編　株式会社
　　第三編　持分会社
　　第四編　社債
　　第五編　組織変更，合併，会社分割，株式交換及び株式移転
　　第六編　外国会社（第八百十七条―第八百二十三条）
　　第七編　雑則
　　第八編　罰則（第九百六十条―第九百七十九条）

第3章 株価はどう動くか（株式市場）

■この章のポイント■

　この章では，株式会社や株式投資について考える。オリエンタルランドは東京証券取引所一部に株式を上場しているが，株を買うということはどういうことなのか，株主のメリット，デメリットについて述べる。また企業の株を選ぶときはどのような指標を見て判断すればよいかを考える。

　また，オリエンタルランドの株価の動きを調べ，株価がどのような要因で変動するのかを検証する。

株式会社		
株主のメリット・デメリット	株　価	オリエンタルランドの株価
配当，値上がり益，株主優待 / 大きく損失する場合がある	日経平均 / PER，PBR / ROE，ROA	長期的に上昇傾向

1　株式会社のメリット

　オリエンタルランドは株式会社である。株式会社とは，株式を発行して資金を調達する会社のことだ。世の中の多くの会社は株式会社だが，株式会社が普及したのはリスクが少ない経営形態だからである。

　株式会社の起源は，英国の東インド会社まで遡る。当時，英国からインドに行くには，かなりの危険が伴った。しかし，いったん航海が成功してさまざまな珍しい商品を持ち帰れば，巨万の富を手に入れることができた。ハイリスク・

ハイリターンの事業である。この事業を成功させるために考えられたのが，株式会社である。多くの人が会社のためにお金を出して船を航海に出し，その船が帰ってきて利益を上げたら，利益を分配するという方法だ。この方法のメリットは，①もし船が事故を起こして帰ってこなかった場合でも，損失は株式会社に出したお金だけに限られる，②さまざまな船に好きなように出資することができる，③会社側は銀行などにお金を借りなくても大量のお金を入手でき，利子を払う必要もない，ということだ。現代の株式会社でもこれらの原則は生きている。

　株主は企業が発行する株券を購入し，その代わりに代金を支払う（現在は電子的な株券になっているので，実際の株券のやり取りはない）。株式市場に上場されている株券の価値は，日々変動する。人気が出て株価が高くなることもあれば，株価が下がってほぼ価値がゼロになることもある。会社の命運とともに株主の資産も増減することになる。同じお金を銀行に預けていれば，少なくても預けたお金（元本）より少なくなることはない。

　こうしたリスクの高い株券を株主が買うのはメリットがあるからだ。株主のメリットは，①配当，②株主優待，③値上がり益，④株主総会に出席できる権利の４つである。

　①配当：配当は，企業の利益を株主に還元するものだ。通常半年ごとの決算後に支払われる。企業の業績がよくなれば配当は増え（増配），逆に悪くなれば配当が無くなる（無配）こともある。「会社にお金を出し，利益が出れば分け前をもらう」という株式会社の基本的な仕組みに最も忠実なものである。１株当たりの配当を株価で除した比率を配当利回りと呼ぶ。これは購入した株に対する配当の割合である。預金の利子と比べるとかなり高いことが多い。株式を長期的に保有することを前提にすれば，銀行預金とともに株式をある程度保有することも意味があるだろう。

　②株主優待：株主優待は，株主に対するサービスである。企業は株主獲得のためにさまざまな株主優待を用意している。株主はその企業に期待をしてお金を託す。企業はそれに対して謝意を示すために株主優待がある。企業によって，

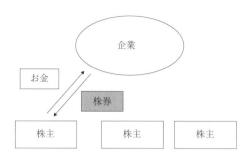

図3-1　株式会社の仕組み

自社製品の詰め合わせ，自社製品の商品券，レストランであれば食事券，（自社製品とは無関係の）QUOカード，自社製品の割引券などさまざまなものがある。

③値上がり益：株価の値上がりもメリットの1つである。株価は1株当たりの値段を表す。株は一般的には長期的に保有すれば，企業の成長とともに収益が上がるといわれている。多くの株はそうだが，高いときに買っていれば話はちがう。たとえば，1990年に株を買ったとしても，現在その高値に至ってなければ得するわけではない。

④株主総会に出席できる権利：ある企業の株式を大量にもっていると，会社の経営判断に影響を与えることができる。株主総会で議題を提出し，意見を通すことができる。株主総会での提案は多数決で決められるが，それは株主が多数決をするわけではない。株数による多数決だ。たくさん株をもっていれば，自分の意見を通すことができる。

ただ，その金額は非常に大きい。会社が発行している株式の総額を時価総額と呼び，時価総額＝株価×発行済み株式数で計算することができる。時価総額は会社の価値を表す。ではどのくらいお金をもっていれば，経営権を握れるのだろうか。2017年8月3日のオリエンタルランドの発行済み株式数は約3億

6000万株だ。1株8060円なので，時価総額は2兆9300億円になる。オリエンタルランドを自分の思いどおりに運営するためには時価総額の半分である1兆4650億円以上が必要だという計算になる。

② 銀行預金と株価

銀行預金に預ける場合と，株式を買った場合のちがいを比較してみよう。2015年のオリエンタルランドの株価はおよそ7000円で，400株以上もっていると株主優待としてパスポートが年間2枚もらえるので，280万円の資産を基準にして考える。

手持ちに280万円の資金があるとする。それを普通預金として銀行に預けると利子が付くが，現在は超低金利なので，預金の利子は0.02%である。1年間で560円の利子しか付かない。定期預金に預ければ多少は利子が高くなる。定期預金とは，一定期間預金の引き出しをしない条件のもとで解約する場合は手数料を取られるが，長期に預けておくと普通預金よりは利子が高くなる。300万円未満で10年間預けると利子は0.10%となり，1年間では2800円利子が付く。

いっぽう，オリエンタルランドに280万円投資をすると，配当が1株当たり35円もらえる。年間1万4000円で，これだけで預金利子よりも大きい。さらに株主優待券が付く。1年間で1デーパスポート2枚だ。2015年4月以降パスポートは6900円なので，1万3800円分得することになる（表3-1）。

表3-1　280万円もっている場合

保有金額		2,800,000円	金利など	年間受取額 (円)
株式 (オリエンタルランド)	1株当たり配当		35円	14,000
	株主優待		パスポート2枚	13,800
	合　計			27,800
銀行預金	普通預金金利		0.020%	560
	定期預金 (10年／300万円未満)		0.100%	2,800

(注) オリエンタルランドの株価が7000円で400株保有した場合。銀行預金はみずほ銀行の2015年9月時点の金利。

なぜ，株式に投資をするとこんなに優遇されるのだろうか。また，なぜ低い金利なのに銀行預金に預けている人がいるのだろうか。それはリスクの取り方の問題である。

　株主優待や配当は銀行の利子に比べて高いが，それらの利益が吹き飛ぶくらい株価は変動する。オリエンタルランドの株も例外ではない。2014年2月の安値1万4700円から2015年2月の高値3万2705円まで，株価は1年間で2倍以上に上昇した。いっぽうで，中国の株式市場に端を発した日本株の大幅な値下がりを経験した2015年8月には，高値の8060円（1株を4株に株式分割後）から安値の5880円まで27.0%下落した。

　最低売買単位の100株を2014年2月の安値で買って2015年2月の高値で売った人は，180万500円儲けることができた。いっぽうで，2015年8月の高値で買って安値で売った人は，株式分割前換算で100株分売買したとすると，87万2000円損することになる。

　こうした株式市場の変動は避けられない。儲かるかもしれないし損するかもしれないという不確実性があるからこそ配当や株主優待は高くなっている。

　もう1つ，銀行預金に預ける理由として，重要なのは使い勝手のよさがある。株式は現金に換えようとしても当日すぐ現金には換えられない。まず，株式市場でその株を売り，何日かたたないと，手元に現金は入らない。現金にすぐできるかどうかを「流動性」と呼ぶが，現金や預金の流動性は高く，株式の流動性は低い。こうした便利さから預金を好むことをケインズは「流動性選好」と呼び，現金や預金をもつ動機の1つと考えた。

③　株主になるには

　株主になるのはそれほどむずかしいことではない。しかし，企業に行って「株をください」といって株を分けてくれるわけではない。通常，株は証券会社から買う。証券会社は，株を売買するごとに手数料を受け取る。それが証券会社の利益につながる。

　証券会社は，各企業の株が上場している株式市場で株を売買する。株式市場

には東京のほか大阪，名古屋，福岡，札幌にある証券取引所と比較的最近設置された新興市場がある。東京証券所の市場は一部と二部に分かれており，東証一部には業績を積んだ伝統ある企業が多い。東証二部はその手前の企業である。新興市場は，ジャスダック（東京証券取引所），マザーズ（日本証券業協会）の2つである。

　株価は新聞やテレビなどで報道される場合は1株当たりの値段で表示される。オリエンタルランドの株価は，2015年9月で6000円程度であった。しかし，株は，1株ずつ買えるとはかぎらない。株の売買単位を単元株といい，企業ごとに決まっている。たとえば，1株3万円で，単元株数が100株なら，300万円で買える。

　株主には情報を提供する必要がある。わざわざお金を出してくれる投資家には，手厚い対応をする必要がある。これをインベスター・リレーションズ（IR:Investor Relations）と呼ぶ。オリエンタルランドもさまざまな媒体を使って投資家に情報を発信している。決算短信，株主通信（年2回），アニュアルレポート（年1回），ファクトブック（細かい財務データ），IRプレゼンテーション（パワーポイント）などである。

4　株価の見方

　株価は預金とちがって利益が確定しない。大きく値上がりして儲かる場合もあれば値下がりして損をする場合もある。新聞紙面では株価の動きが毎日掲載されているので，株価の見方を習得しよう。

　『日本経済新聞』には，数字が羅列してある面がある。上場されている株価がいくらで取引されていて，前日に比べてどのくらい上下したかがわかるいわゆる「相場欄」だ。売買単位もわかるので，最低いくら資金があれば投資できるのかもわかる。

　数字は，始値，高値，安値，終値の4つが基本である。東京証券取引所は午前9時に開き，そのときの値段が始値である。取引が終わるのは午後3時で，そのときの値段が終値となる。株価は秒単位で動くが，その日最も高い値段が

高値，低い値段が安値となる。これら4つの値を1つのグラフに表したものがローソク足である。ローソクのような形をしていることからこの名前がついた。

　たとえば，オリエンタルランドの株の2015年8月24日と25日の動きをみてみよう（図3-2）。まず24日は黒く塗りつぶされている。これは，その日の間で株価が下がったことを示している。いっぽう，25日は白くなっている。始値より終値が高いときだ。

　24日はヒゲのようなものが下に出ていない。これはこの日の終盤は株価が下がり続け，終値と安値が同じだったことを表している。

　24日は黒で，25日は白なので，25日のほうが上がっているようにみえるが，

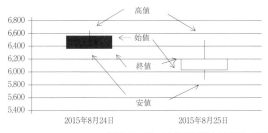

	2015年8月24日	2015年8月25日
始　値	6551	6023
高　値	6643	6576
安　値	6323	5880
終　値	6323	6189

図3-2　ローソク足の例（オリエンタルランドの株）

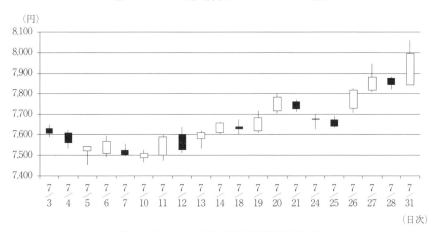

図3-3　オリエンタルランドの株価（2017年7月）

（出所）東京証券取引所

`コラム` **新聞の証券面の見方**

　証券面の見方について『日本経済新聞』を例に説明すると，数値の並び順は左端から「単元株」「銘柄」，続けて株価「始値」「高値」「安値」「終値」，そして「前日比」「売買高」となっている。

　数値の単位は，株価が円（売買単位が1株の銘柄は100円），「売買高」が1000株（売買単位が1株・10株・50株の銘柄は1株）となる。売買単位である「単元株」は，A＝100株，B＝1株，C＝10株，D＝50株，E＝500株，F＝2000株，G＝3000株，K＝200株，無印＝1000株を示している。その株をもっていなくても売ることができる貸借（空売り）銘柄には・印がついている。

　そのほか，前日に比べて何円変動したか「前日比」が表示されている。△が上がった場合，▲が下がった場合である。「売買高」の表示の大きさでその銘柄が活発に取引されているものかどうかがわかる。

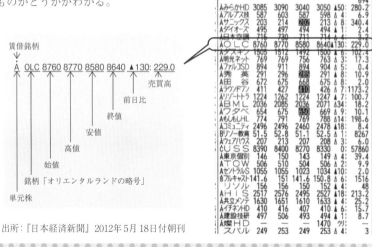

賃借銘柄
・A OLC 8760 8770 8580 8640 ▲130 : 229.0
　　　　　　　　　　　　　　　　　　　売買高
　　　　　　　　　　　　　　　　前日比
　　　　　　　　　　　　　終値
　　　　　　　　　　安値
　　　　　　　高値
　　　　始値
銘柄「オリエンタルランドの略号」
単元株

出所:『日本経済新聞』2012年5月18日付朝刊

単元	銘柄	始値	高値	安値	終値	前日比	売買高
	サービス						
・	日工営	256	256	253	257	0	106
A	ネクスト	336	345	335	343	△2	16.4
A	日本M&A	2271	2344	2265	2327	△35	29.5
A	パレーゼ	505	512	504	512	△7	100
A	フーティア	523	530	521	528	△3	7961
B	パソナG	670	685	659	682	△3	128
B	LINK&M	610	614	600	606	△5	238
B	エスエムエスS	1057	1115	1055	1107	△45	904
A	テクノHD	762	762	762	774	△3	30.1
A	クックパッド	2150	2177	2106	2168	△7	106.3
A	学 情	390	402	385	397	△5	75.2
A	スタ・アリス	1252	1308	1252	1308	△68	71.0
A	シミックHD	1216	1216	1216	1216	△15	13.8
A	NECフィル	936	956	936	952	△16	43.4
A	ALSOK	1006	1010	988	1003	△13	433.4
A	カカクコム	2254	2280	2242	2271	△1	467.8
B	アイ□ムHD	19.51	19.94	19.49	19.49	△0.03	: 640
A	ルネサンス	432	434	430	433	0	5.8
A	新日本科学	195	206	195	202	△6	53.7
A	ツクイ	936	984	936	982	△52	94.0
B	エムスリー	3663	3665	3510	3640	△140	1644
B	Bブライダル	849	855	844	849	△7	140
A	ティーエムXI	1950	1998	1941	1994	△84	4408.0
B	博報堂DY	4810	4830	4745	4790	△20	67300
A	ぐるなび	810	839	810	827	△2	22.4
A	一 休	333	339	333	335	△2.5	148
B	J B R	725	735	725	734	△3	37.8
A	ジェイコム	700	702	682	702	△3	10.3
B	P G M	581	591	580	589	△8	373
A	J P H D	762	762	733	741	△20	36.6
B	E P S	1919	1935	1869	1907	△12	334
A	ナテューズ	974	974	946	969	△30	222
B	ドリーム	650	689	650	689	△30	222
A	T A C	140	146	140	144	△1	16
B	ケネティクス	100.4	109.3	100.4	108.8	△9.3	75154
A	電 通	2326	2333	2300	2316	△12	1066.9
B	T&Gニーズ	70.1	72.4	67.6	71.8	△3.2	6225
A	ぴ あ	851	869	851	853	△2	3.2
A	イオンファン	1120	1179	1107	1175	△50	34.6
B	ヌクシーズ	18.61	19.01	18.25	18.6	△0.01	: 694
A	みらかHD	3085	3090	3040	3050	△50	280.2
A	アルプス技	587	603	587	598	△6	6.9
A	サニックス	203	214	202	213	△8	340.4
A	ダイオーズ	495	497	494	494	△1	2.4
B	日本空調						
A	O L C	8760	8770	8580	8640	▲130	229.0
A	テスキン	1505	1512	1492	1495	△8	0.9
A	明光ネット	769	769	756	763	△3	17.3
A	ファルJSD	894	911	894	904	△5	0.4
A	秀 英	291	296	285	291	△8	10.9
A	田 谷	672	675	672	675	△8	2.0
A	ラウンドワン	411	427	410	426	△7	1173.2
A	リゾートトラ	1224	1262	1224	1247	△7	100.7
A	B M L	2036	2085	2036	2071	△34	18.2
A	ワタベ	654	675	650	669	△9	10.1
A	ももしもHL	791	791	769	788	△14	198.6
A	スミュティ	2496	2496	2460	2478	△18	8.4
B	リソー教育	51.5	52.8	51.1	52.5	△1	8267
A	ウェアハウス	207	213	207	208	△3	6.0
C	U S S	8390	8400	8270	8330	0	57860
A	東京個別	146	150	143	149	△4	39.4
A	T O W	506	510	504	506	△2	9.9
A	ゼンリンS	1055	1055	1023	1034	△10	2.4
B	フルキャスト	141.6	151	141.6	150.8	△6	1516
C	リソル	157	159	150	152	△4	48
A	H I S	2517	2576	2495	2527	△18	213.2
A	共立メンテ	1611	1651	1610	1633	△6	25.2
A	イチネンHD	410	416	407	410	△6	15.7
A	建設技研	497	506	493	494	△1	8.7
A	楽HD				1470	ツリ	
	スバル	249	253	249	253	△4	3

52

終値どうしを比べると，値下がりしていることがわかる。1つのグラフでもさまざまな情報が入っているのがローソク足である。図3-3が2017年7月のオリエンタルランドの株価の推移である。

⑤ 権利確定日と権利落ち日

　株式を保有すると，配当や株主優待が受けられる。その権利は，株の保有期間で決まるわけではない。権利確定月の月末にその株を保有しているかどうかで決まる。株を保有するための手続きは3営業日かかるので，実際には権利確定日（月末）の3営業日前までに株を買う必要がある。たとえば，2017年は3月31日が金曜日なので，その3営業日前の3月28日までに株を買う必要がある。

　オリエンタルランドの株主優待はパスポートと配当だ。たとえばこの金額が100株当たり1万円だとしよう。28日に買えば1万円分の特典が付くが，29日に買えばその特典はない。このため理論的には，29日の株価はほかの条件が一定なら100株当たり1万円（1株当たり100円）分下がるのが自然となる。しかし，実際にはそれほど下がらない場合が多い。権利落ち直後に株を売れば値上がり益を得られるうえ，配当や株主優待を得ることができる場合がある。

⑥ 貸借銘柄と空売り

　貸借銘柄は，証券会社からその株を借りることができる銘柄のことだ。流通量が多く，業績がよいことが条件となる。株を借りることができれば，それを売ること（空売り）ができる（表3-2）。

　「空売り」の手法を使えば，株価が下落しても儲けることができる。たとえば，ある年の10月2日に株価が7000円で，20日には6000円に下がったとする。10月2日に証券会社から株を借りて売れば，現金7000円を入手することになる。借りた株は返す必要がある。10月20日に借りた株を返すため，株を買う。株価が6000円に下がっていれば6000円で株を買うことができる。6000円支払うが，その前に7000円を入手しているので，1000円分利益が出ることになる。

　株を借りる場合，「逆日歩」と呼ばれる利子がかかる場合がある。株を借り

表 3-2　空売りの考え方

日　付	株　価	売　買	結　果
10月2日	7000円	株を借りて売る。	現金 7000 円入手。
10月20日	6000円	株を買って返す。	6000 円で株を買う。1000 円の利益。

るには，本来の保有者に支払う利子が必要だ。借りる投資家が増えてその株が借りづらくなると，生命保険などの機関投資家から借りる必要がでてくる。その場合は通常の利子以上の費用がかかり，「逆日歩」が発生する。「逆日歩」は1日当たり1000円，という形で発生する。オリエンタルランドでは，2014年9月30日に逆日歩が1000円（100株当たり，日数当たり）発生した。

7　日経平均株価

　株価の分析では個別の企業の分析も大事だが，日本経済や世界経済の分析も重要だ。企業の成績がどんなによくても，世界的に金融不安が高まれば株は下がることがある。企業の業績が日々発表されているわけではないのに，株価は毎日変動している。これは企業をめぐる環境の変化を反映していると考えられる。

　日経平均株価は1949年から算出されており，高度成長期は右肩上がりで上昇した。1970年代前半，企業の余った資金が株に回り，過剰流動性相場と呼ばれる株価の急上昇があった。しかし，1973年に入って変動相場制移行やオイルショックなどで急落した。その後，1980年代後半にはバブルが発生し，株価は一時4万円近くまで上昇した。1990年代に入りバブルが崩壊し，不良債権問題が長引いたため，1万円前後で低迷を続けた。最近は強力な金融緩和を推し進めたアベノミクス効果で1万円を超えて上昇している（図3-4）。

　日経平均株価と個別の株価の関係を表す値をベータ値と呼ぶ。日経平均を市場全体の動きを表しているものと捉え，市場全体の動きが1％動いたときに，個別の株価が何％動くのかを数値化したものだ。ベータ値が1を超えるものを景気敏感株，1未満のものをディフェンシブ株と呼んだりする。日経平均の動き以上に上下するのが景気敏感株だ。逆に全体の相場が上がるときは下がり，

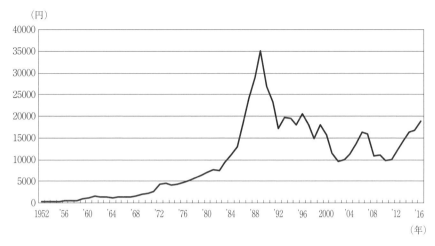

（円）

図3-4　日経平均の動き

（出所）日本経済新聞社

　下がるときは上がる動きをするものもある。その場合はベータ値がマイナスに
なる。

　オリエンタルランドのベータ値は期間の取り方によって変わるが，基本的に
は景気に左右される景気敏感株だと考えられる。入園者数は景気に左右される
ためだ。

8　株式分割

　株式分割とは，これまで1株だったものを2株以上に分けるものだ。2015年
4月，オリエンタルランドは株式を4分割した。分割前は1株およそ3万2000
円だったが，分割後は1株およそ8000円（=3万2000円÷4）になった。

　理論的には株価が変わっても，会社自体の価値は変わらないので，何も変化
がないようにみえるが，購入層の裾野が広がることが期待できる。

　株は1株単位で売買できるわけではない。売買単位である単元株は100株な
ので，分割前は320万円もっていないとオリエンタルランドの株は買えなかっ

た。しかし，分割後は80万円あればオリエンタルランドの株が買えることになる。

　この効果は確かにあり，2015年4月から9月にかけて，株主は約8万人増えた（『日本経済新聞』2015年12月12日付）。長期保有者には，パスポートを追加的に発行するという制度も投資家増の原因だ。

　買える人が増えれば株価も上がる，とオリエンタルランドでは期待したが，その後の株価をみると，上昇傾向にはならなかった。オリエンタルランドの収益の頭打ち感や，世界経済の不透明感で値を下げた。しかし，株式分割は個人投資家重視の姿勢の現れであり，これ自体は評価されるべきものだろう。

⑨　ROE と ROA

　株主は株式会社に資金を提供するが，出資したお金でどの程度利益を上げているのかが株主にとっての関心事項だ。それを表すのがROEとROAだ。

　ROE（アールオーイー：Return On Equity：株主資本利益率）は，当期利益を株主資本で割ってつくる。株主が出資した資本で，どれだけ利益を上げているかを表す指標である。収益性を表す指標として非常に重要で近年特に重視されている（広木，2014）。

　ROA（アールオーエー：Return On Asset：総資産利益率）は，利益を期首期末平均総資産で割ってつくる。会社が全資産を使ってどれだけの成果を上げたかという資本の収益性をみるための指標となる。分母の総資産に対応させて，分子には営業資産から生じる営業利益と財務資産から生じた投資収益を合算した事業利益を用いるのが一般的だ。簡便法として，分子に経常利益をとった総資産経常利益率を用いる場合もある。

　オリエンタルランドのROE，ROAをみると，2009年度に過去の水準より高い水準になってから上昇傾向が続いている。分母の総資産や自己資本は増加傾向にあるが，分子（当期利益など）がそれ以上に増加しているため上昇した（第10章第2節参照）。

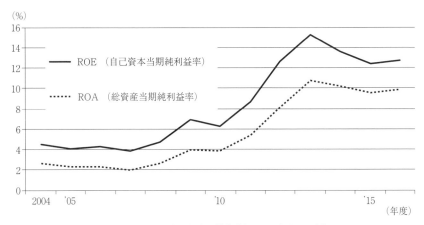

(%)

図3-5　ROEとROAの推移（オリエンタルランド）

(出所) オリエンタルランドウェブページ「財務データダウンロード」

⑩ PERとPBR

　株式投資の基本は,「安く買って高く売る」ことだ。安く買うためには,現在の株価が割安なのか,割高なのかを知っておく必要がある。割安であれば買うべきだし,割高ならもう少し株価が下がるまで待つべきだ。株価の割安度を示す指標がPER, PBRである。

　PER（ピーイーアール: Price Earning Ratio: 株価収益率）は株価を1株当たり当期利益で割って計算する。1株当たり当期利益は,その企業の株を1株もっている人に最大限配分できる金額を示す。PERが高いということは,現実の企業収益より株価が高いということだ。これは2つの解釈ができる。1つは,収益が増える可能性を織り込んでいる場合だ。現在の収益は小さくても将来増えると市場が見込めば,PERは高くなる。新興企業のPERが高いのはこのためだ。2つ目は,株価が割高な場合だ。現実の利益より株価が高いということは,いわゆるバブルが発生している可能性がある。割高な銘柄の場合は将来下落する可能性が高い。

　オリエンタルランドの1株当たり利益は2015年3月には250円だった。し

かし当時の株価は1万円だったので，PERは40倍ということになる。現実には250円しか利益がないのに，株価には1万円の値段がついたわけだ。株価が妥当だとすると，市場は利益が今後40倍になると考えていることになる。毎年30%利益が増えた場合，15年後に39.3倍となる。これが実現できると考えればPER40倍は妥当だということになる。いっぽう，この見通しが楽観的だとすれば，株価は割高だということになる。このケースでは，その後株価は大きく下がった（図3-10参照）。

　PERは通常1よりも大きい値だが，業種によって平均的な水準がちがうので，ライバル会社，業種平均との比較でみる必要がある。業種別平均PERは東京証券取引所ウェブページの「業種別・規模別PER・PBR」に載っている。

　PBR（ピービーアール：Price Book value Ratio：純資産倍率）は，株価を1株当たり株主資本で割って計算する。PERが利益を基準にして株価の価値を割り出すのに対し，PBRは資本金などの株主資本（自己資本または純資産）を基準にして，株価の高低を測る。簡単にいえば，今その会社が解散したとき，1株もっている人がもらえる金額を示しており，最低限もらえる金額を示している。企業の成長を織り込めば，通常株価はこの水準よりも高くなる。反対にいえばPBRが1に近づくということは，株価が底値に近づいたとみることができる。

表3-3　財務指標の意味

記　号	日本語	式	意　味
ROE	株主資本利益率	当期利益／株主資本	資本の効率性を示す。株主から受け取ったお金をどの程度うまく使ったか。近年重視されている。
ROA	総資産利益率	事業利益／総資産	資産の効率性を示す。持っている資産をどの程度うまく使ったか。
PER	株価収益率	株価／1株当たり利益	PERが高いことの意味 ①株価が妥当だと考えれば，成長が期待されている。 ②利益に比べて株価が割高な場合も
PBR	純資産倍率	株価／1株当たり株主資本	株価の割安さを示す。数字が小さければ割安。企業を解散した時にもらえるお金と，現在の株価水準との比。

11　オリエンタルランドの株価

(1) 長期的推移

　オリエンタルランドが東京証券取引所に上場したのは1996年12月11日である。始値は，8850円（株式分割後の現在の株価では2212円5銭）。事前に売り出した価格は8800円なので，50円高い価格でスタートしたことになる。しかし，その後株価は下落基調だった。株価が上昇に転じたのは，東京ディズニーシーができる直前，日本経済がIT（情報技術）バブルと呼ばれた好景気のころである。しかし，東京ディズニーシー開園後は目立った上昇はなく，2000円弱（株式分割後換算，以下同じ）の株価が約10年間続いた。

　2011年3月には東日本大震災をきっかけに急落したが，約半年でもとの水準に戻った。株価が大きく上昇したのは，2012年以降である。アベノミクスへの期待感とオリエンタルランドの好業績で，およそ2000円だった株価は2015年3月に約5倍の1万円近くまで値上がりした。その後は業績の頭打ちから株価は下落し，2017年夏時点で8000円前後で推移している。

　オリエンタルランドは，2015年4月に1株を4株とする株式分割をした。このため，2015年4月以降は株価が4分の1になっている。過去から現在までの

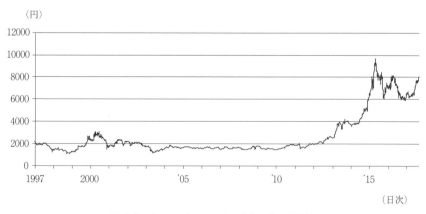

図3-6　オリエンタルランド・株価の動き（終値）

（出所）Yahoo!ファイナンス

分析の連続性を保つため，2015年3月以前の株価は4分の1として計算したものを表示している（上場時の株価の記述は除く）。

（2）上場から東京ディズニーシー開園まで

　1996年にオリエンタルランドが東京証券取引所に上場した目的の1つは，東京ディズニーシー建設に向けての資金調達である。その目的は達成できたが，上場後株価は下落傾向で推移した。東京ディズニーシーへの期待よりも不安のほうが大きかったためだ。

　1998年末ごろから日本の株式相場全体が上昇するとともにオリエンタルランドの株価も底を打ち上昇したが，2000年の猛暑で入園者数が減り，連結最終損益が赤字になったことをきっかけに株価が下落した。

　東京ディズニーシーは2001年9月4日に開園した。しかし，開園から約2週間は下落傾向が続いた。9月20日が終値ベースで最安値となり，それ以降は反転して上昇した。今では，東京ディズニーシーは安定的に入園者が見込めるテーマパークになっているが，それにつながる肯定的な評価が出始めるまで2週間近くかかったことがわかる。

図3-7　東京ディズニーシー開園時の株価

（3）東日本大震災時

　つぎに，東日本大震災時の株価の動きをみてみよう。東日本大震災時にオリエンタルランドの株価は大きく下がった。地震で舞浜地区を含めた浦安市全域に液状化現象が起き，東京ディズニーランドの駐車場の一部が使えなくなった。アトラクションをはじめとした設備の点検や不安定な電力事情から，東京ディズニーリゾートは約1カ月閉園することになった。

　震災が起こったのは2011年3月11日金曜日の午後2時46分だ。証券市場は開いていたため株式市場は反応したが，午後3時に取引が終わったため，前日に比べて0.4%の下落（終値ベース）にとどまった。3月12日，13日は土曜・日曜のため休場で，株価が大きく下落したのは3月14日の月曜である。震災前の2011年3月10日から3月14日にかけて16.5%下落（終値ベース）した。

　東京ディズニーランドは4月15日に再開（終日営業は4月28日から，東京ディ

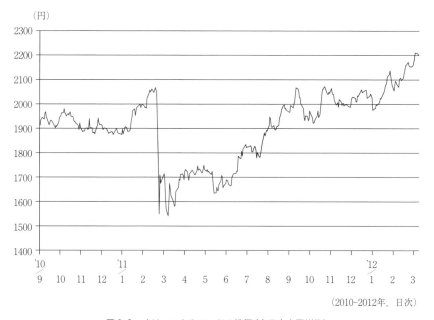

（2010-2012年，日次）

図3-8　オリエンタルランドの株価（東日本大震災後）

ズニーシー再開も4月28日から）し，その後入園者が戻ってくる。1カ月休園し
たにもかかわらず，2011年度は入園者数，売上高ともに前年度並みに回復し，
営業利益は過去最高を記録した。株価は2011年9月ごろには震災前の水準に
戻った。株価が比較的早く回復したのは，震災時の対応のよさが評判になった
ことや，新たな割引チケットの販売などのため（第5章の第6，7，8節参照）。

(4) 2012年から2013年

　2012年から2013年の株価は，経済全体の影響を受けつつも，業績が評価さ
れて上昇基調となった。2012年5月18日以降，欧州債務問題の深刻化で世界
的な株安となり，オリエンタルランドの株価も下がった。株価は企業の個別事
情で上下するとともに，世界経済全体の動きも反映して変動する。

　2012年夏以降は，オリエンタルランドの好調な業績を反映した展開となる。

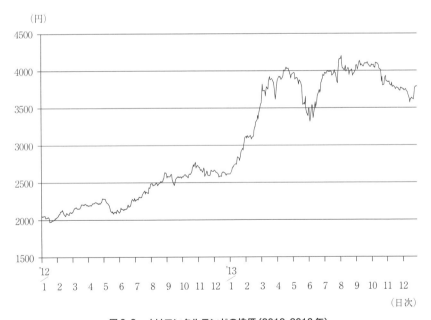

(円)

(日次)

図3-9　オリエンタルランドの株価（2012-2013年）

2012年8月14日一時2500円台に上昇した。入園者数の増加と財務体質のよさが上昇の理由である。

　2012年12月26日に安倍晋三首相が就任し，アベノミクスを提唱したころから株価は急上昇する。当時の上昇は株式市場全体の好調さを反映したものだ。2013年4月22日，2013年3月期の連結営業利益が過去最高を更新したとの報道で，一時4072円50銭と上場来高値をつけた。

　2013年5月から日経平均に連動して株価は下落し，6月7日には3257円50銭まで下落した。しかし，2013年6月20日にプロジェクションマッピングのショー，「ワンス・アポン・ア・タイム」開催を発表してから株価は上がり，5月の水準まで戻った。

（5）2014年から2015年

　2014年から2015年にかけてのオリエンタルランドの株価は上昇傾向にあった。2014年8月13日にアフター6パスポートの値上げを発表したあと，株価は上がった。値上げは「入園者の減少」効果と「売上高の増加」効果をもたらすが，売上高が増加するという見通しのほうが強かったようだ。8月21日に「アナと雪の女王」をテーマにしたイベントを実施することを発表し，さらに上昇した。3月14日に日本で公開された「アナと雪の女王」の人気は絶大で，関連イベント実施は市場に好感をもって迎えられた。さらに，2014年10月23日，業績予想の上方修正と配当の増額を発表して，株価の上昇ペースは速くなった。

　しかし，2015年に入ると，1月に大きな下げを経験する。2015年1月29日，オリエンタルランドは入園料の値上げを発表した。翌日の株価は終値ベースで728円と大幅に下げ，低水準の株価がしばらく続いた。値上げについては「入園者減少」効果のほうが強く働いた。

　その後株価は上昇するが，2015年4月に最高値をつけてから，低下傾向が続いている。米国の利上げ観測，中国の減速といったマクロ経済的要因と，入園者数の頭打ちというオリエンタルランド固有の低下要因が重なったためだ。

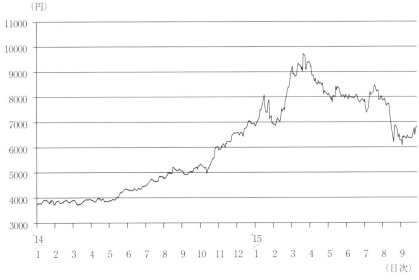

（円）

図3-10　オリエンタルランドの株価（2014-2015年）

（6）2016年から2017年

2016年から2017年にかけては下落基調で推移したあと急回復した。

2016年1月28日に，2015年4-12月期の純利益が過去最高になったことが発表され，それを反映して上昇した。ハロウィーンイベントで入園者が盛り返したことが主因。その後，2月8日には入園料の値上げを発表したが，これも好感された。

4月17日に発表された3月期連結決算では，純利益の最高益を更新し，オリエンタルランドの業績は悪くなかったが，株式市場全体の下落基調に合わせるかたちで下落が続いた。6月14日には年初来安値となった。オリエンタルランドは外国人旅行客の増加で業績が上がる「インバウンド銘柄」として位置づけられていたが，円高で銘柄の魅力が落ちたためだ。6月24日には外資系企業が同社の投資判断を引き下げたのをきっかけに大幅に下落した。東京ディズニーランド，東京ディズニーシーを大幅に再開発する予定で，短期的には入園

者数の増加が望めないことが理由だ。

　2016年末にかけて低下傾向が続いた。2016年以降一度上昇局面を迎えるが，これは4-9月期の純利益が過去最高となった影響が大きい。『日本経済新聞』10月21日付の「4-9月期の営業利益が一転して増益」との報道が発端となっている。これを裏付ける決算発表は同28日に行われた。さらに東京ディズニーシー15周年の影響や4月の入園料の値上げ（6900円→7400円），「ディズニーセレブレーションホテル」新設も好感された。しかしその後，2017年1月はじめに2017年度は値上げを見送るとの報道や，2016年10-12月期の入園者数が伸び悩んで営業利益が前年同期に比べて減少したことで株価は低迷した。

　しかし，2017年5月以降急上昇した。5月に「美女と野獣」エリアなどの中期計画が決まり，起工式も行われて，中期的な集客能力に期待感が高まった。足元の業績のよさも好感された。

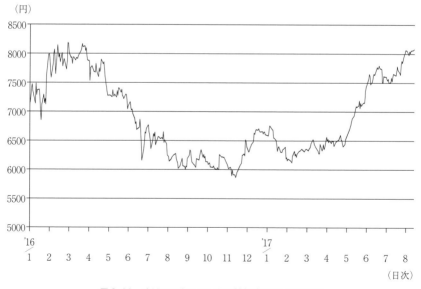

図3-11　オリエンタルランドの株価（2016-2017年）

第4章　東京ディズニーランドのサービス（人事管理）

■この章のポイント■

　東京ディズニーリゾートの魅力の１つはサービスである。サービスの提供は従業員が行うことから，人材の教育が重要になる。

　東京ディズニーリゾートはアルバイトを多く使っているが，高度なサービスの裏には丁寧な研修やモチベーションを上げるための工夫がある。

　今後の課題としては，少子高齢社会のなかで人材を確保できるかどうか，サービスの質を保っていけるかどうかがあげられる。

サービスに対する考え方		ディズニーランドのサービス					
人材の重要さ	アルバイトの多さ	ネーミング	清掃業をブランド化	SCSE	報奨制度	サービスのお手本
人事管理	派遣労働者の特徴	キャスト，クルー，パートナー		安全の重要性	マズローの５段階説	お子様ランチ

1　テーマパークとサービス

　東京ディズニーリゾートがほかのテーマパークと大きくちがうところは，キャストのサービスの質の高さである。そもそもテーマパークは，テーマに沿ったアトラクションを配置すれば成り立つもので，そこに高い顧客サービスが必須なわけではない。魅力的なアトラクションがあれば，チケット売り場の従業員の態度とは無関係に集客できるはずである。

　しかし，東京ディズニーリゾートでは従業員のサービスの質を重視しており，

幅広い層をターゲットにしていながら高級ホテル並みのホスピタリティを実現している。テーマパークに高いホスピタリティを付加したのは，東京ディズニーリゾートの発明の1つである。入口から出口まですべてをパークでの体験と捉えて，顧客対応に手を抜かない姿勢が評価されている。

　もちろん，課題はある。人気アトラクションの長い待ち時間や，多くのゲストで混雑するギフトショップは快適とはいえない。混雑は災害時や停電などのトラブル時にさまざまな危険をもたらす。

　混雑の解消法は経済学的には簡単で，入場料金を引き上げればよい。たとえば1日入場券（1デーパスポート）の値段を2万円にすれば，混雑は減るし，客単価は増える。どの程度の増収になるかは需要の価格弾力性次第だが，売上高が増える可能性はある。ただ，「お金持ちのためのテーマパーク」になってしまうとイメージが悪化するリスクも大きく，その手段はとっていない。

② サービス業の特徴

　東京ディズニーリゾートのサービスについて考える前に，サービス業が製造業と比べてどのような特徴をもっているかを説明する。サービス業は，製造業と対照的に，目に見えず，手で触れられないものをつくって売る産業である。東京ディズニーリゾートに行ってさまざまなアトラクションに乗っても体験自体は目に見えず，「思い出」として心に記録される。サービス業の価値は，銀行なら情報であり，音楽産業なら音楽である。美容院なら髪を切ったりパーマをかけたりする技術である。

　長い目でみると，サービス業の比重は多くの国で増加傾向にある。これは，「ペティ＝クラークの法則」として知られ，国が発達するにつれ，農業から工業へと主要産業が移り，さらにサービス業へと産業の中心が移ることを表している。

　サービス業の特徴は，サービスの提供者が人間になる場合が多いことから，労働集約的になることである。代表的なサービス業であるホテルを考えてみると，ビルや建物などの巨大な設備も必要だが，接客やベッドメーキング，レス

トランの運営など機械化できないところが大きい。

そこで必要となるのは人材育成の問題である。経済学では労働力を人的資本と呼び，付加価値を生み出す生産手段（資本）の1つとして扱っている。人的資本とは，単なる人の数だけではなく，労働力の質（サービス業であればサービスの質）も考慮したものである。単純な生産活動の場合，生産量と労働者の数は比例する。初期の鉄鋼業では人が多ければ鉄を多く生産できるという関係を想定した。いわば，労働者が鉄鉱石や電力などと同様な投入物と考えられていた。

しかし，現在の製造業やサービス業では，労働力を人数の単位だけでは捉えられなくなった。高度な教育を受けた人材は新たな技術を開発できる能力をもつし，ホスピタリティについて訓練を受けた人材は，高度な接客ができる。労働者を教育することで生産力が上がることが一般的となった。

③ 人事管理の基本

経済学は労働力を生産力の観点から考え，「生産力を上げるためにはよい教育が必要だ」といった政策担当者の観点から考えるが，経営学の一分野である人事管理は，「いかに従業員を効率的に働かせるか」を経営者の視点から考える（詳しくは，榊原（2002）参照）。

これまでの人事管理についての学説を菊野・山澤（2010）を要約するかたちでまとめてみよう。労働者の管理に関する実験は，何が労働者の効率を上げるかの検証から始まった。メイヨーは「ホーソン実験」を行い，「賃金」「休憩時間」「軽食サービス」「室内温度」などと作業量との関係を調べた。その結果これらの要因はあまり作業量に関係せず，「実験に選ばれた誇り」が効率に影響を与えていたことがわかった。

レスリスバーガーは，人間関係に焦点をあてた。普段から仲のいい友だちである非公式組織が重要で，「みんな！　一緒にがんばろうね!」という意識をもてると生産量が上がることを主張した。

フォレットは，経営者と労働者が対立する場合は「抑圧」「妥協」を使った手法でなく，「統合」を用いることが労働者の意欲を高めることを示した。

リッカートはリーダーシップについて研究し，権威主義的リーダーシップではなく，集団参加型リーダーシップが重要であるとしている。

　マズローの欲求5段階説は，低次元の欲求を満たされないと高度な欲求が満たされないという理論である。

　マクレガーはX理論，Y理論を考案した。X理論は「人間は生まれながらに仕事が嫌い」と考えるもので，Y理論は「人間は生まれながらに仕事が好き」という2つの理論である。

　ハーズバーグは「動機付け要因」が重要だと主張した。会社の経営，監督技術，給与，対人関係，作業条件などの「衛生要因」は，満たされないと不満を感じるが，満たされてもさほどの満足感が得られない。いっぽう，達成，承認，仕事そのもの，責任，昇進に関わる「動機付け要因」は満たされると高い満足を感じるが，満たされなくてもさほどの不満は感じないと考えた。

　ディズニーランドでは，従業員の動機付けについてはさまざまな工夫がしてあり，人材の重要性を考慮した人的管理は，経営学がめざす望ましい人的資源管理に近いものになっている。

④ 高品質サービスによるリピーターの増加効果

　ディズニーランドはリピーターが多いことで知られている。顧客満足度調査のうちロイヤルティ（将来の再利用の意向）のランキングでは，上位に位置しリピーターの多さがうかがえる結果になっている。

　リピーターを増やす1つの原動力は質の高いサービスとなるが，そこで参考になるのが「グッドマンの法則」である（ジョン・グッドマン，2013）。この法則は顧客がある商品やサービスに不満をもったときにどのような態度をとるかを説明したものだ。クレームにどう対処すればよいかの指針を与えてくれる。

　いくつかの法則があるが，①不満をもっていてもクレームを申し立てない顧客の90％は二度とその商品を購入しない，②不満をもった顧客のうちクレームを申し立て，その解決に満足した顧客の当該商品の再購入決定率は，不満をもちながらクレームを申し立てない顧客のそれに比較してきわめて高い――が

主要なものだ。

グッドマンの法則
・不満をもつ顧客のうち，クレームを申し立てる人よりも，商品を二度と
　買わない，という行動に出る人のほうが圧倒的に多い。
・不満を解決できると，再購入する比率が高まる。

　1つ目の法則は，最初にディズニーランドに来たときに不満をもち，クレームをせずに帰った場合，その90%は二度と来ないということを意味する。ディズニーランドのサービスに満足してもらうことがまず大事だ。もし顧客が不満をもった場合は，クレームを言いやすい環境をつくっておくことがリピーターを増やすには重要だということになる。
　2つ目の法則は，たとえディズニーランドに不満をもった顧客がいたとしても，うまく対処すればリピーターを増やすことができることを示す。

⑤　名前の工夫—ゲスト，キャスト

　働いている人に意欲をもたせる工夫の1つに，ネーミングの工夫がある。ディズニーランドでは，お客さんのことを「ゲスト」，従業員のことを「キャスト」と呼ぶ。「ゲスト」はそもそも招待されたお客さんという意味で，ホテルでも顧客のことをゲストと呼んでいる。本来は「カスタマー（customer）」と呼ぶところだろうが，それより温かみが感じられる言葉を使っている。「キャスト」は「演じる人」であり，従業員の意味はない。しかし，ディズニーランドで働く人は，夢の国の住人を演じている人なので，「キャスト」と呼ばれる。職種に新たな名前を付けることにそれほどお金はかからない。しかし，従業員の意識を確実に変えることができるという意味で効果的な方法だ。
　同様の例は，ほかの企業でもみられる。マクドナルド，ユニバーサル・スタジオ・ジャパン（以下，USJ），タリーズでは，従業員のことを「クルー」，スターバックスコーヒーでは，「パートナー」と呼んでいる。「クルー」は船の乗組

員のことで，店を船に喩え，連帯感を醸成しようとしている。いっぽう，「パートナー」は，本来は共同経営者の意味である。従業員は共同経営者ではないが，そういう立場に格上げした呼び方で，会社に対する意識を変えようということになる。

⑥ 高いアルバイトの比率

東京ディズニーリゾートはアルバイトの比率が高いにもかかわらず，アルバイトの教育が行き届いているところが賞賛されている。正社員と比較したアルバイトの特徴は，①社会保障などの費用がかからない，②正社員に比べて給料が安い，③スキルが身につきにくいなどの特徴がある。しかし，東京ディズニーリゾートではアルバイトでも正社員と同じくらいの役割を果たしている。しかし，仕事の性質上高齢になってもできるというものではない。

日本全体の雇用者の動向をみてみよう。2016年度の雇用者は全体で5413万人で，そのうちの62.6%が正規社員（正社員），37.4%が非正規社員である。

非正規社員のうち，パートは全体の18.3%，アルバイトは7.7%，派遣社員が2.4%，契約社員が5.3%，嘱託が2.2%となっている。

男女別にみると，男性は正社員の割合が多く，女性はパート・アルバイトの比率が高くなっている。現在の日本の雇用環境の問題として，非正規社員の増加がある。非正規社員にもさまざまなメリットがあり，パートやアルバイトと

表4-1　雇用形態別雇用者数

2016年度		雇用者計（役員を除く）	正規社員	非正規社員							
				総　数	パート・アルバイト	パート	アルバイト	労働者派遣事業所の派遣社員	契約社員	嘱　託	その他
実数(万人)	総　数	5413	3388	2024	1407	990	417	132	285	118	81
	男	2951	2301	649	326	115	211	55	153	75	42
	女	2462	1087	1375	1081	875	207	78	132	44	39
比率(%)	総　数	100.0	62.6	37.4	26.0	18.3	7.7	2.4	5.3	2.2	1.5
	男	100.0	78.0	22.0	11.0	3.9	7.2	1.9	5.2	2.5	1.4
	女	100.0	44.2	55.8	43.9	35.5	8.4	3.2	5.4	1.8	1.6

（出所）総務省『労働力調査（基本集計）』(2016年度)

して積極的に働く場合は問題ないが，正社員になりたいが雇用機会がなくてなれない，いわゆる不本意で非正規となっている人は15.6%存在する（総務省『労働力調査（詳細集計）』）。

非正規雇用の問題点として，①雇用が不安定，②賃金が低い，③能力開発機会が乏しい，④セーフティネットが不十分などの課題がある。日本の多くの企業は終身雇用制を採っていて，正社員の場合，入社すれば定年までその会社で働くことが前提となっている。いっぽう，非正規社員は雇用期間が決められている場合が多く，解雇も正社員に比べて容易である。

賃金についても，正社員は勤続年数が上がるに従って増加するのに対し，非正規雇用の場合はそれほど増加しない。50歳代になるとかなり開きがある。（厚生労働省『賃金構造基本統計調査』（平成25年）雇用形態別表：第1表）。

能力開発機会の面でも，非正規社員は不利だ。厚生労働省の「能力開発基本調査」（平成26年度版）によると，教育訓練を受けている非正規社員は正規社員に比べてかなり少ない。

また，健康保険，雇用保険，厚生年金など社会保険制度に関して，正社員はほぼ適用されるが，非正社員の場合は，5〜6割程度だ（厚生労働省「就業形態の多様化に関する総合実態調査」（平成26年調査）個人調査：第14表）。退職金制度や賞与（ボーナス）も，非正規社員には適用されない場合が多い。

こうした問題に対してはオリエンタルランドも対応しており，約800人の契約社員を2016年4月1日付で正社員に登用すると発表した。対象人数は821人（同2月1日時点）。今後の採用では契約社員枠ではなく，正社員枠として採用する見込みだ。

⑦　ディズニールック

『人は見た目が9割』という本がある。ショッキングなタイトルだが，この本では，人は話の内容よりも，話し方や表情で真意を判断するという意味で使われている。

サービス業においては，たしかに見た目も重要である。ディズニーリゾート

でキャストとして働くには，ディズニールックという身だしなみの基準を満たす必要がある。『9割がバイトでも最高のスタッフに育つ ディズニーの教え方』には，アピアランスコーディネーターが，ディズニールックを守っているかどうか抜き打ちでチェックすると書かれている。基準については，キャスト採用サイトの，「キャストの身だしなみについて」で調べることができる。男女別に髪型の例が載っており，髪の色やメイク，つめ，メガネなどについても決まりがある。

　髪の色は，「日本ヘアカラー協会」の「レベルスケール」基準で5か6まで。同協会ウェブページにある，「レベルスケールの導入で始める職場のヘアカラールールづくり」(2006年6月)では，髪の色の基準に関して以下のような解説をしている。数字が小さくなるほど，黒髪に近い。

レベル5～6：医療，金融機関，公務などの職場が導入する
レベル7　　　：最も受け入れやすい明るさとして，多くの職場が導入する
レベル8～10：ファッション，サービス，流通業などが導入する

　同資料では，個別企業の基準にも触れている。日本航空は6，ホテルオークラは7，KDDIは8，プランタン銀座(当時)は10レベルということだ。東京ディズニーリゾートのキャストは6までなので，かなり厳しい部類に入る。

⑧　清掃業務をブランド化―カストーディアル

　清掃業務が主な業務であるカストーディアルは，東京ディズニーリゾートの人気職種だが，清掃業務が人気職種というのは珍しい。既存の清掃業務のイメージを払拭し，ブランド化したことに注目すべきだ。

　カストーディアルとは，パーク内外での清掃やゲストの案内を仕事としている。カストーディアルは英語で「維持・管理」の意味だ。白のコスチュームに身を包み，身の丈に長さを合わせたトイブルーム(箒)やダストパン(ちりとり)を手に持ち，仕事をする。

表4-2　主なキャストの種類と時給

職　種	基本時給 (円) 8：00 - 22：00
アトラクションキャスト （アトラクションでの案内・誘導）	1,000
フードサービスキャスト （飲食施設での接客）	1,100
マーチャンダイズキャスト （商品販売）	1,000
ゲストコントロールキャスト （ショー・パレードでの案内・誘導）	1,000
パーキングロットキャスト （車の誘導・料金の受け取り）	1,150
セキュリティオフィサー （園内外・駐車場の警備）	1,030
カストーディアルキャスト （清掃・ゲストの案内）	1,050
ショーキャスト （パレードフロートの誘導・キャラクターの誘導）	1,000

（注）基本給には調整給を含む。2017年8月時点。
（出所）オリエンタルランド；キャスト採用サイト

　今では人気職種のカストーディアルも，ディズニーランドがオープンして数年間は最も不人気の職種だった（福島，2011）。1日中パークの清掃をする「きつい・きたない」の2Kの職場とみなされていた。その不人気は準社員（アルバイト）に限った話ではなく，正社員からもカストーディアル課に配属が決まると泣いたりする者もいた。不人気だったカストーディアルが人気を得たのは，上司・先輩が，後輩たちにカストーディアルキャストの重要性を繰り返し伝えたことで準社員や正社員の意識を変えたことだ。

　その理由づけは，①カストーディアルは「清掃担当」でなく，「維持・管理」という意味，②カストーディアルは自由にパークを動けるので，困っているゲストを助けることができる，である。上記のことを繰り返し伝えることにより，カストーディアルキャスト自身に自らの仕事に誇りをもたせることができた。

　会社自体もカストーディアルの仕事の重要性を伝えることに積極的で，舞浜

駅や東京駅にある東京ディズニーリゾートの広告にカストーディアルキャスト
が大きく写っているものも多い。年に一度開催され，正社員がパークに準社員
をゲストとしておもてなしする「サンクスデー」(アルバイト感謝デー)では，歴
代社長はすべてカストーディアルとして準社員をもてなしている。

　会社全体で重要性を伝えることにより，清掃・管理のカストーディアルは自
分の仕事に誇りをもち，積極的・主体的に仕事に取り掛かるようになった。今
では，落ち葉や水たまりの水を利用してディズニーキャラクターの絵を描いた
り，ローラーブレードを履いてスイーピングを行ったりしてショーアップ化を
はかるようになった。また，仕事のスキルに応じて「段位」を設けて意欲を向
上させるアイデアを準社員が考えるようにもなった。このように，全体での認
識を変えることによって，カストーディアルは人気を高めるようになった。

⑨ SCSE

　ディズニーランドのサービスで重要なものは，SCSE(エスシーエスイー)と呼
ばれている。簡単な標語だが，それだけに覚えやすい。

　ディズニーランドのサービスの評価は高いが，その1つの理由に，「マニュ
アルにとらわれないこと」があげられる。もちろんマニュアルはあるが，そこ
から逸脱することがあってもよいということだ。マニュアルに従業員がやるこ
とを逐一書いている企業もあるが，ディズニーランドでは，おおまかな経営方
針は統一したうえで，細かい行動についてはキャストに任せるという姿勢であ
る。

　しかし，何も指針がなければ，個人によってばらばらになる。そこで，「SCSE」
という言葉が重視される。SCSE が，1つの基本で，これに沿っていればよい
サービスということになる。S は safety，C は courtesy，S は show，E は effi-
ciency のことで，この順番で重視される。つまり，第一に考えるべきことは「安
全」，次に「礼儀」，3番目に「ショー」，最後に「効率」となる。いくら効率
的でも，安全でないサービスは行わないということだ。

10　５段階欲求説と報奨制度

　心理学者マズローは，人間の欲求には段階があるという５段階欲求説を唱え
た（マズロー，1987）。次元の低い順に，生理的欲求，安全欲求，愛情欲求，尊
敬欲求，自己実現欲求となり，下位の欲求が満たされないと上位の欲求を求め
ないとされる（図4-2）。

　通常のアルバイトでは，食べるため，安心して暮らすためといった欲求に働
きかけるが，ディズニーランドでは，尊敬欲求，自己実現欲求を満たすための
制度がある。

　すぐれた仕事をした人に与えられる賞は２つある。１つはファイブスターカ
ード制度である。上司がすぐれた仕事をしたと思うキャストに与える。もらっ
た人はミッキーマウスなども参加するファイブスターパーティーに参加できる。

　もう１つは，スピリット・オブ・東京ディズニーリゾートだ。こちらのほ
うがディズニー特有のものかもしれない。これは，キャスト同士で褒めあう制
度だ。すぐれたサービスをしたキャストへほかのキャストがメッセージを送る
という制度だ。その結果をもとに選考されたスピリット・アワード受賞者には，
スピリット・アワードピンが授与される。

自己実現
欲求

尊敬欲求

愛情欲求

安全欲求

生理的欲求

図4-2　マズローの５段階欲求説

11 上司が部下になるサンクスデー

　サンクスデーとは，日ごろディズニーランドで働いているキャストがお客さんになり，上司がキャストになるというイベントで，年に1回行われている。一日中開催されるわけではなく，夜だけの開催だ。

　オリエンタルランドウェブページによると，オリジナルパンフレットやオリジナルグッズなどをつくっていて，かなり本格的である。

　これは，サービス向上策の一環と考えられている。キャストがゲストの目線でディズニーランドを体験できるためだ。しかし，ゲストとしての入場は普通の日でもできる。

　それよりこのイベントがおもしろいのは，上司がキャストになるというところだろう。上司が部下の気持ちになれるところに，効果があるのではないか。

　一日だけ部下が上司になり，上司が部下になるという試みがあればおもしろいが，あまり聞いたことはない。これができる会社は風通しのよい会社である気がする。

12 「お子様ランチ」

　ディズニーのサービスを語るとき，必ず出てくるのが「お子様ランチ」のエピソードだ。

　夫婦がレストランで，亡き子どものためのお子様ランチを頼む話である。最初事情がわからなかったキャストは，お子様ランチは大人が頼めない旨を伝えるが，事情がわかったあとは，子ども用のいすを持ってきてもてなすという話である。

　これは，元オリエンタルランド副社長上澤昇の『魔法の国からの贈りもの』や堀貞一郎『楽しくなければ会社じゃない』にも出てくる有名な逸話である。ここから読み取れるのは，ディズニーのサービスはマニュアルだけではない，ということである。

　それ以上に，逸話が残されて伝えられていること自体がサービス向上に効果がある気がする。お手本になる行動があったらそれを残していくという態度で

ある。

13 今後の課題

　日本生産性本部が実施している顧客満足度調査で，2013年度までディズニーリゾートは第1位だった。しかし，2014年度調査では1位の座を劇団四季に奪われた。サービス水準は依然高い水準にあるが，相対的に顧客満足度が下がったのは，入園者数が過去最高の水準で推移しており，混雑が満足度の低下をもたらしている可能性が高い。2015年度にはさらに順位を落とし，10位以下となった。

表4-3　顧客満足度ランキング

順位	2013年度		2014年度		2015年度	
	点数	企業・ブランド名	点数	企業・ブランド名	点数	企業・ブランド名
1	86.8	東京ディズニーリゾート	84.6	劇団四季	87.5	劇団四季
2	86.1	劇団四季	82.7	東京ディズニーリゾート	84.5	宝塚歌劇団
3	83.7	帝国ホテル	82.1	宝塚歌劇団	81.9	コープ共済
4	82.8	宝塚歌劇団	81.9	コープ共済	81.9	ヨドバシ.com
5	82.7	オルビス	81.0	都道府県民共済	80.9	帝国ホテル
6	81.4	リッチモンドホテル	80.7	amazon.co.jp	80.4	都道府県民共済
7	81.1	コープ共済	80.7	オルビス	79.8	住信SBIネット銀行
8	80.7	ドーミーイン	80.7	帝国ホテル	78.6	リッチモンドホテル
9	80.5	ヨドバシ.com	80.7	ヨドバシ.com	78.5	クックパッド
10	80.4	都道府県民共済	79.5	スーパーホテル	78.4	オルビス
	80.4	ホテルオークラ				
11					77.9	東京ディズニーリゾート

（出所）サービス産業生産性協議会「日本版顧客満足度指数（JCSI）」2015年度結果

78

第5章　値上げや割引はどのように決めるのか（価格戦略）

■この章のポイント■

　商品の値段は需要と供給の均衡した点で決まる。企業は値段が高ければ高いほどよく，消費者は値段が安ければ安いほどよい。両者が納得する点で取引量と値段が決まる。

　消費者によって需要曲線がちがう場合は，客層や時間によって値段を変えることでより収益を上げることができる。こうした価格戦略について，ディズニーランドはどのような行動をとっているのかをみる。

　また，貨幣の尺度機能や購買力平価からわかることを考えてみる。

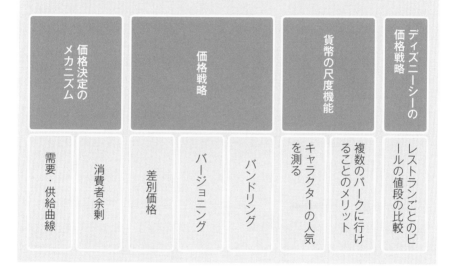

価格決定のメカニズム		価格戦略			貨幣の尺度機能		ディズニーシーの価格戦略
需要・供給曲線	消費者余剰	差別価格	バージョニング	バンドリング	キャラクターの人気を測る	複数のパークに行けることのメリット	レストランごとのビールの値段の比較

① 需要と供給

　経済学は経済活動を需要側と供給側に分けて考え，その均衡点で取引されると考える。需要とは欲求のことだ。よい音楽が聞きたい，おいしい料理が食べたい，きれいな服が着たいといった欲望だ。欲望は無限大だが，欲しい気持ちは値段によって変わる。自分が欲しいと思っているものがすごく安ければたく

さん買いたいと思うが，高ければた
くさん買いたいとは思わない。値段
を縦軸に，需要量を横軸にしてグラ
フにしたものが需要曲線で，通常右
下がりになる。

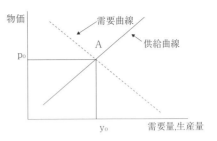

図 5-1　需要供給曲線

　供給は節制だ。需要を満たすため
の努力である。欲しいものがあって
もお金がなければ買えない。お金を
得るためには働く必要がある。企業はお金を得るための組織だ。企業は価格に
関してどのような行動をとるか考えてみよう。たとえば，パン屋でパンを売る
ことを考えてみる。パンの値段が安ければたくさんつくって売ろうとは思わな
い。いっぽう，高い値段で売れるとなれば，たくさんつくって儲けようとする。
このため，縦軸を値段，横軸を生産量とした供給曲線は右上がりになる。

　需要と供給は，必ずしも最初から一致するとは限らないが，何度も取引して
いくうちに，ある価格に落ち着いていくと考えられる。それを均衡と呼ぶ。図
5-1 では，均衡価格は p_0 で，そのときの需要量，生産量は y_0 である。

② 需要曲線と消費者余剰

　需要曲線は，購入価格と購入数量の関係を示し，価格が高ければ購入する人
は少なく，価格が安ければ購入する人が多いという関係を表している。

　もう 1 つの考え方は，「需要曲線は購入してもよいと思う値段が高い人順に，
購入者を並べたもの」である。たとえば，ディズニーランドに 1 万円払っても
よいという A さん，9000 円払ってもよいという B さん，8000 円払ってもよい
という C さんという順に並べるということだ。入園料が 7000 円だとすると，
7000 円払ってもよいという D さんまではディズニーランドに行く。F さんは
入園するのに払いたいと思う金額が 5000 円なので，ディズニーランドには行
かない。

　こう考えると，A さんにとっては，入園料 7000 円は安い。1 万円払っても

よいと思っているのに7000円でディズニーランドに行ける。3000円も得したことになる。BさんやCさんにとっても得である。消費者にとって得な部分を合わせたものを消費者余剰と呼ぶ。

いっぽう企業は、消費者余剰はできるだけ小さくしたいと考える。1万円払ってもいいと思っている人がいるわけだから、その人にはそれだけのお金を出してほしい。たとえばAさん・Bさん・Cさんから8000円の入場料を、Dさん・Eさん・Fさんから5000円の入場料をとれれば、消費者余剰を減らすことができる（図5-3）。しかし残念ながら無数のお客さんのなかからディズニーランドが大好きな人とそうでもない人を見つけだすのは困難である。

③ 価格差別

そこで考えられるのが、価格差別である。多く払ってもいいと思うゲストには多く払ってもらい、あまり払いたくないという人には安い値段でとりあえず来てもらう。

しかし、払ってもよい値段がいくらなのかは外見だけではわからない。そこで、明らかに区別できる方法で価格を変える。たとえば、学生割引、シニア割引、レディース割引、タイムサービス、団体割引などである。

図5-2の例では、通常の入園料は7000円としたが、学生に限って4000円にしたとしよう。7000円の入園料は高いと思っていたEさん・Fさん・Gさん（それぞれ学生と仮定）もチケットを買うことになる。

④ バージョニング

バージョニングとは、高価格でも買いたいという顧客と低価格なら買ってもよいという顧客を異なる集団として扱い、両者に異なる

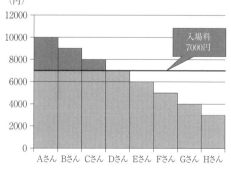

図5-2　消費者余剰の考え方（入園するのに払ってもいいと思う価格）

商品を売ることである。消費者をグループに分ける価格差別の一種である。

　たとえば，ハードカバーと文庫本である。村上春樹が非常に好きな読者は高いお金を出してでもハードカバーを買う。ハードカバーの値段は多少高くてもコアのファンは買っていく。いっぽう，読みたいけれどそこまでお金を出したくないという人もいる。こうした人はハードカバーでは本を買わないけれど，文庫本にすると買う可能性がある。そこで，出版社はハードカバーで本を発売したあと，ある程度時間がたってから低価格の文庫本を発売する。ハードカバーと文庫本を同時に出し

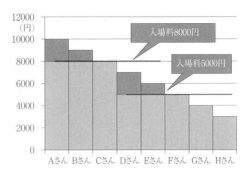

図5-3　価格差別の考え方（価格差別をした場合）

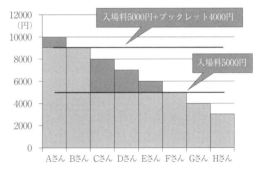

図5-4　バージョニング

（注）図5-2と同じ需要関数を想定。入場料を5000円，通常より並ばずに入れるチケット（ブックレット）が4000円の場合。

てしまうと，ハードカバーを買う層まで文庫本を買う可能性があるので，ハードカバー発売から文庫本発売までには時間差がある。

　映画館の入館料は高いが，その後レンタルビデオとして発売される場合は安くなる。大スクリーンで早く見たい層と，安く手軽に見たい層の両方を取り込む戦略だ。ほかにもガソリンのレギュラーとプレミアム，マイクロソフト社のソフトであるマイクロソフト・オフィスのプロフェッショナルとパーソナルなどがあげられる。

　ディズニーのチケットではバージョニングに関連した価格差別はない。ユニ

バーサル・スタジオ・ジャパンのチケットにはブックレットなどのユニバーサル・エクスプレス・パスがあり，バージョニングを行っている。ブックレットを持っていれば，いくつかのアトラクションにはそれほど待たずに入れる。高いお金を出してでも並びたくない人と，安い値段で行列に並んでもいい人を分けて，それぞれちがう価格をつけている。

⑤ バンドリング

　バンドリングとは，いわゆる抱き合わせ販売のことである。複数の商品を一緒にして売ることだ。バンドリングの例としては新聞があげられる。新聞を買っても新聞記事すべてを読むわけではない。読むのはせいぜい10件くらいだろう。しかし，10件分の値段で新聞を販売してくれない。すべての記事の情報料として新聞代金を払っている。

　マイクロソフト・オフィスもそうだ。ワードやエクセルは使うかもしれないが，パワーポイントやアクセスは使わない人もいるだろう。それでもすべてのソフトを購入する必要があり，その購入代金を支払う必要がある。

　遊園地でもバンドリングがある。遊園地は2部料金制をとることが多い。入園料を支払ったうえで，アトラクションは別料金として支払う制度だ。ディズニーランドも2001年まではこうした制度があった。当時3900円の入園料（1デーパスポートは5500円）だけで園内を楽しむことができた。しかし，現在はパスポートしかなく，入園料とアトラクション代金を一緒に払う必要がある。これは一種のバンドリングである。

　バンドリングのメリットを仮設例で説明しよう。Aさんはディズニーランドの雰囲気が好きで入園料に5000円出してもいいと思っている。しかし，アトラクションにはそれほど興味がなく1000円程度しか支払いたくない。Bさんはアトラクションのほうが好きで，入園料だけなら4000円までしか出す気はない。しかし，アトラクションには2000円払ってもいいと思っている。この2人を両方ともディズニーランドに来させるためには，入園料は4000円以下，アトラクションは1000円以下である必要がある。たとえば，入園料が5000円

表5-1　バンドリングの例

(円)

		Aさん	Bさん	合　計
購買意欲	入園料	5000	4000	
	アトラクション	1000	2000	
	合　計	6000	6000	12000
別々に販売した場合	入園料 (4000円)	4000	4000	
	アトラクション (1000円)	1000	1000	
	合　計	5000	5000	10000
バンドリングした場合	パスポート	6000	6000	12000

だとBさんはディズニーランドに来ない。入園料4000円，アトラクション料
1000円の場合，稼げる金額は1万円［(4000円+1000円)×2］である。

　しかし，両者をバンドリングして，パスポート6000円として売ったらどう
なるだろうか。2人とも合計6000円は出してもいいと思っているので，2人と
もディズニーランドに来る。しかも2人合わせた売上額は1万2000円になる。
バンドリングの効果で，売り上げを増やすことができる。

　お年寄りのなかには，アトラクションは乗らなくてもいいが雰囲気を楽しみ
たいという人がいる。こういう人からもアトラクション料金を徴収しているこ
とは，再考の余地がある。

6　ホームタウンパスポート

　2011年に発売されたホームタウンパスポートも地域による価格差別の例で
ある。

　オリエンタルランドは，2010年12月に入園料を2011年4月23日から値上
げすることを発表した。2011年3月に東日本大震災が起こったが，予定どお
り値上げは実施された。パスポートは5800円から6200円になった。

　しかし，首都圏在住者にとっては，ホームタウンパスポートでかなり割安に
チケットを入手できた時期があった。これも価格戦略の1つである。

　地方などから，宿泊前提で来る旅行者にとっては，パスポート400円の値上

表5-2　ホームタウンパスポート(2011 年)

(円)

	値上げ前	値上げ後 (4月23日から)	変　化
パスポート	5800	6200	400
ホームタウンパスポート (5月16日～7月7日)		4900	-900
首都圏ウィークデースペシャルパスポート (9月5日～11月30日)		5200	-600

(注) ホームタウンパスポートは，東京，神奈川，千葉，埼玉の在住，在勤者対象。首都圏ウィークデースペシャルパスポートは，平日のみ。東京，神奈川，千葉，埼玉，茨城，群馬，栃木，山梨の在住，在勤者対象。

げの占める比率は小さく，交通費，宿泊費などを含めた全体の一部である。

　いっぽう，首都圏に住む利用者にとっては，その比重は大きくなる。浦安市民にとっては，400円の値上げが直接響く。そこでオリエンタルランドがとったのは，「ホームタウン」による割引である。日帰り圏内である，東京，神奈川，千葉，埼玉に限って入園料を安くした。しかも，値上げ前よりかなり安い4900円という設定だ。チケットブースでしか買えないこともあり，入場エリアはかなり混雑した。

　2011年秋にも，地域限定割引の，首都圏ウィークデースペシャルパスポートが発売された。平日限定で，対象が栃木，茨城，群馬，山梨に広がり，購入場所もコンビニやインターネットなど増えている。ウィークデースペシャルパスポートは震災後も毎年発売されるようになる。

⑦　首都圏ウィークデーパスポート

　地域による価格差別のもう1つの例が，首都圏ウィークデーパスポート（2015年度までは首都圏ウィークデースペシャルパスポート）だ。2017年度は，4月6日から7月14日までの期間限定である。東京，神奈川，千葉，埼玉，茨城，群馬，栃木，山梨に在住，在勤，在学が条件となっている。

　オリエンタルランドは1デーパスポートの料金を2016年4月から500円値上げして7400円とした。2016年度の首都圏ウィークデーパスポートは6800円

表5-3　首都圏ウィークデーパスポート

(円)

	値上げ前 (2016年3月以前)	値上げ後	値上げ前(6900円) からの変化
1デーパスポート	6900	7400	500
首都圏ウィークデーパスポート (2016年)	—	6800	−100
首都圏ウィークデーパスポート (2017年)	—	6400	−500

(注) 首都圏ウィークデーパスポートは，平日のみ。東京，神奈川，千葉，埼玉，茨城，群馬，栃木，山梨の在住，在勤，在学者対象。

の値段で，値上げ前の値段の6900円よりも低く設定された。2017年度はさらに値下げされ，値上げ前のパスポートより500円安い6400円で発売されている。

8　夏5パスポート—1時間当たり単価による分析

夏の入園者増加に寄与したのが夏5パスポートだ。最初に導入されたのは東日本大震災のあった2011年である。震災の影響で東京ディズニーリゾートの入園者数が激減したため，まずホームタウンパスポートを販売し，7月に入って「夏5パスポート」を発売した。18時から入場できる「アフター6パスポート」はこれまでもあったが，同じ値段で1時間早く入場できるものだ。

1時間の差に効果があるのは次のように説明される。「1デーパスポート」は9時に入場して22時までいれば，13時間も楽しめる(2011年当時)。しかし，最初から最後まで滞在する人は少なく，平均8時間24分だ。平均的に滞在する時間から，1時間当たりのコストを計算すると，738円になる。

いっぽう，「アフター6パスポート」はフルに滞在しても1時間当たり825円で「1デーパスポート」より割高になる。「夏5パスポート」は滞在時間が1時間増えるだけだが，1時間当たり660円で，最も割安なチケットとなる。割安感が奏功して「夏5パスポート」は成功した。

しかし，その後入園者数が増えていき，混雑しすぎるのも問題となっているため，夏5パスポートのあり方も変わった。2013年度までは土日も発売され

表 5-4　夏 5 パスポートの分析

	2011 年度				2017 年度			
	対象時間	滞在時間（時間）	入園料（円）	1 時間当たり入園料	対象時間	滞在時間（時間）	入園料（円）	1 時間当たり入園料
1 デーパスポート	9 時〜22 時	13.0	6200	477	8 時〜22 時	14.0	7400	529
	平均滞在時間	8.4		738	平均滞在時間	8.9		831
アフター 6 パスポート	18 時〜22 時	4.0	3300	825	18 時〜22 時	4.0	4200	1050
夏 5（ウィークデー）パスポート	17 時〜22 時	5.0	3300	660	17 時〜22 時	5.0	4400	880

（注）夏 5 パスポートは 2011 年 7 月 8 日から 8 月 31 日まで。夏 5 ウィークデーパスポートは 2017 年 7 月 18 日から 9 月 7 日まで。平均滞在時間はそれぞれ前年度のもの（「ファクトブック」）。

ていたが，2014 年度以降は，平日のみの販売となり，「夏 5 ウィークデーパスポート」となった。アフター 6 パスポートに比べた割安感はあるが，平均的に滞在した場合の 1 デーパスポートに比べると，2017 年度は割高になっている。

⑨　価格戦略のまとめ

　以上をまとめると表 5-5 になる。差別価格は，グループごとに価格を変えることで，より需要者を増やそうという考え方である。学生割引やシニア割引が代表的だ。東京ディズニーリゾートのホームタウンパスポートは，距離が近い地域の顧客を割引する制度である。夏 5 パスポートは，夏の夜に顧客を増やすための手段として使われた。

　バージョニングは，同じ商品に対して，高価格版と低価格版を出すものだ。

表 5-5　価格戦略のまとめ

	内　容	例
差別価格	グループごとに値段を変える	学生割引，シニア割引
住所によって価格を変える	交通費などを含めた支払い総額に着目する	ホームタウンパスポート
時間帯によって価格を変える	1 時間当たりの支払い額に着目する	夏 5 パスポート
バージョニング	製品の質を変えてさまざまな消費者に対応する	ハードカバーと文庫本，映画と DVD
バンドリング	複数の商品を一緒にすることで，需要を増やす	新聞記事，ディズニーランドのパスポート

ユニバーサル・スタジオ・ジャパンのブックレットは，お金を出せば並ばずに入場できるチケットで，これに該当する。お金を出せば待ち時間が少なくて済むが，低価格でも待ち時間さえ我慢すれば同じサービスが受けられる。

　バンドリングは商品を組み合わせて販売するものだ。東京ディズニーリゾートでいえば，入場券とアトラクション券が抱き合わせで販売されて1デーパスポートができあがっている。この方式により，入園料重視，アトラクション重視の双方の顧客を引き寄せることが可能となった。

⑩　貨幣の機能とミッキーマウス

　貨幣には交換機能，保蔵機能，尺度機能の3つの機能がある。尺度機能を使えば，異なる商品を同一の尺度で測ることができる。みかんが100円で，りんごが200円なら，りんごは2倍の価値がある。2013年，アンバサダーホテルにミッキーマウスルームとミニーマウスルームができた。ディズニーランドホテルには，ピーターパンルーム，不思議の国のアリスルーム，白雪姫ルーム，シンデレラルームがあり，アンバサダーホテルにはすでにドナルドダックルームがあったが，ミッキーマウスやミニーマウスの客室ができたのは初めてだ。

　ホテルミラコスタやディズニーランドホテルができたため，アンバサダーホテルの魅力は相対的に落ちている状態だ。ミッキーマウスやミニーマウスをテーマにした客室（③）をつくることで，集客力を上げることがねらいだった。

　ミッキーマウスルームが28室に対しミニーマウスルームが32室で，ミニーマウスルームのほうが多い。ミッキーマウスルームはスタンダードタイプ（①）

表5-6　ミッキーマウスルームの価値

	部屋のタイプ	最低価格（円）	最高価格（円）
①	スタンダード	28,000	51,000
②	ドナルドダックルーム	45,000	68,000
③	ミッキーマウスルーム・ミニーマウスルーム	56,000	80,000
③/①	スタンダードとの比率	2.0	1.6
③/②	ドナルドダックルームとの比率	1.2	1.2

（注）2012年3月22日調査

に比べて約2倍の値段になっており，ドナルドダックルーム（②）の1.2倍である。ドナルド・ダックに比べてミッキーマウスの価値は1.2倍ということになる。ミッキーマウスルームとミニーマウスは同じ価格に設定されている（表5-6）。

11 複数パークへ行けることのメリット

　複数のパークへ行けることのメリットはどれくらいだろうか。現在，東京ディズニーランドと東京ディズニーシーに両方行ける1デーパスポートはない。しかしどれくらいの値段になるのかは類推できる。おおよそ1.4倍程度だろう。

　米国のカリフォルニアでは，ディズニーランド・パークとディズニー・カリフォルニア・アドベンチャーに両方行ける1デーパスポートが発売されており，値段は1つだけ行けるパスポートの1.3倍である。フロリダの場合は，どのパークも利用できるパスポートの値段は，1つのパークだけ行けるパスポートの1.4倍だ。年間パスポートだと，東京ディズニーランド，東京ディズニーシー単独のものと，両方行けるものが売られている。この場合値段は1.5倍になる。米国では，カリフォルニアとフロリダの両方に行ける「プレミアムパスポート」が発売されており，カリフォルニアのみのパスポートの値段の1.5倍だ（表5-7）。

12 消費税による価格改定

　2014年4月には，消費税率が5%から8%に上がった。企業はその分を価格に転嫁するため，値上げをする。5%から8%というあまり切れのよくない数

表5-7　複数パーク入園の価値

	1デーパス		年間パス	
	カリフォルニア（ドル）	フロリダ（ドル）	東京ディズニーランドと東京ディズニーシー（円）	フロリダとカリフォルニア（ドル）
1つだけ	80	85	52,000	499
複数可	105	120	80,000	749
倍率	1.31	1.41	1.54	1.5

（注）2011年11月4日調べ

字なので，素直に転嫁すると，1円単位の値段になる。

東京ディズニーリゾートの場合，パスポートの値段は6200円だったため，6200 ÷ 1.05 × 1.08 を計算すると，6377円となる。実際の販売価格は6400円となったので，税抜きベースでは多少の実質値上げとなった。

ユニバーサル・スタジオ・ジャパンの場合は，2014年1月にすでに値上げをしたのち，4月に消費税分の値上げが行われた。2011年時点ではディズニーランドと足なみをそろえていたが，それ以降，値上げが相次いでいる。それに伴って入園者も増えているので，今のところ値上げは奏功している。消費税の計算に戻ると，8%分の消費税だと計算上の価格は，6984円となる。ディズニーランドと同様の考え方で値上げするなら7000円としてもおかしくないが，6980円という10円刻みの中途半端な値段でも6000円台のほうが値上がり感が少ないという判断なのかもしれない（東京ディズニーリゾートとユニバーサル・スタジオ・ジャパンの詳しい価格の推移については表11-2参照）。

⑬　東京ディズニーシーのビール価格

一物一価という法則がある。市場メカニズムが働けば，同じものには同じ値段が付くというものだ。確かにモノについては同じものには同じ値段が付く。しかし，サービスの質が異なるレストランやカフェで提供されるモノの値段はさまざまである。コンビニで買えば100円のコーヒーも，カフェに行けば400円になる。提供される場所の快適さや雰囲気が値段に含まれているためだ。東京ディズニーリゾート内でも，場所によって価格差がある。どの程度の差があるのかを調べてみた。

東京ディズニーリゾートのレストランは，通常のレストランに比べて割高である。たとえば，東京ディズニーシーにあるレストラン櫻で提供されている「季節のうどん」は1800円である。ほかの場所なら300円台でもうどんを食べることはできるだろう。ただ，値段を比べる場合には，条件を揃える必要がある。美味しいうどんとそれほどでもないうどんでは値段に差があって当然だ。同じ味のうどんについて，ディズニーランドとそれ以外の場所で比べなければなら

ない。これがむずかしい。

英エコノミスト誌には，「ビッグマックインデックス」というコーナーがある。各国のマクドナルドでビッグマックの値段を比較して，一種の購買力平価（第9章3節参照）を計算するものだ。これは，ビッグマックがどこの国でも品質が同じだということが前提になる。

レストランの料理の質を揃えて比べるのは大変だが，ビールの品質は同じだと考えていいだろう。そこで，東京ディズニーシーのレストランについて，「キリン生ビール」の値段を比較した。データの入手先は，2015年7月時点の東京ディズニーシーのウェブページである。

その結果，ディズニーランドの生ビールは，リストランテ・デ・カナレットなど4店舗で770円だった。イタリアンレストランチェーンのサイゼリヤの約2倍の値段である。ディズニーランドという雰囲気のなかで飲む価値が上乗せされているということだ。

また，レストランのランクによっても微妙に値段が変わっているところがおもしろい。テーブルに着席したあとにサービスされるレストランについては，

(円)

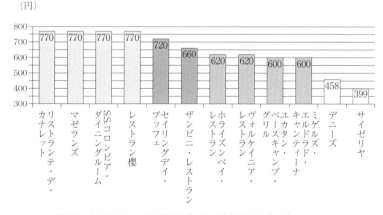

図5-5　レストランでちがう生ビールの値段（東京ディズニーシー）

（注）生ビール1杯の値段。2015年7月調べ。ディズニーランド公式ウェブページ，デニーズ，サイゼリヤはそれぞれウェブページより。

最も高い770円の値段が付き，ブッフェレストランでは720円だ。あらかじめ自分で購入するカウンター方式のユカタン・ベースキャンプ・グリルやミゲルズ・エルドラド・キャンティーナでは600円である。

第6章 消費行動の分析（効用の最大化）

■この章のポイント■

　経済学は人間の行動を単純化して考えるが，消費行動の場合は「消費者は自分の効用を最大にするように商品を買う」という仮定である。それはどのような意味をもつのか，ディズニーランドを例に考えてみる。

　効用が同じ2つの財の組み合わせを結んだ線である無差別曲線や，代替財や補完財など財の分類，価格低下がどのような効果を生むかなどを学ぶ。

効　用	家計は効用を最大化する
	限界効用逓減の法則

無差別曲線	効用が同じ2つの財の組み合わせを結んだ線
	予算線と組み合わせて効用を最大化すると消費量がわかる

財の分類	代替財と補完財
	上級財と下級財

価格低下の効果	代替効果
	所得効果

① 効用の最大化

　経済分析の1つに効用という概念を使った分析がある。効用とは満足度のことで，経済学では「人々は効用を最大化するように商品を購入する」と仮定する。人間の行動原理としてこの仮定をおく。1万円お金を持っていたとして，

そのお金をどのように使うかを考えてみよう。食事にたくさん使う人もいるし，服を買う人もいるだろう。しかし，そういった行動は，すべて効用を最大化した結果だと考える。実際には衝動買いをしたり，やけ食いをしたり，理屈に合わない行動をすることもあるが，それを基準にしては経済学的な分析ができない。人間行動を理解する手段として「効用の最大化」がある。

　効用については，詳細なことがわかっているわけではない。たとえば，AさんとBさんがそれぞれりんごを食べたとき，どちらの効用が大きいかということはわからない。満足度を表す脳内物質があって，その量を比べれば数値として表されるかもしれないが，それでも健康状態などさまざまな要因が入り込むため満足度を正確に測ることはできないだろう。しかし，Aさんがりんごとみかんを食べたとき，どちらを食べると効用が大きいかはわかる，と仮定する。りんごがみかんの何倍おいしいかはわからなくても，どちらの効用が大きいかの順序はわかると考える。何倍大きいかはわからなくても（基数的効用），効用の大きい順に並べることはできる（序数的効用）とする。

② 限界効用逓減の法則

　効用の性質については，「限界効用逓減の法則」が知られている。まず，限界という言葉について注釈が必要だ。経済学でよく使う「限界」とは，英語でいうと成長の限界とかスピードの限界といった「limit」の意味ではなく，端を表す「margin」の意味である。たとえば限界消費という場合は，これまでの消費に追加して1単位消費した場合のことである。「追加1単位当たり」と考えるとわかりやすい。

　ディズニーランドに行く回数と限界効用の関係を考えてみよう。1回目に行く効用は，金銭に換算して1万2000円だとする。2回目に行くときも，多くの人は効用（満足度）を感じるだろう。問題は，1回目に行ったときと2回目に行ったときのどちらの満足度が高いかである。2回目は1回目より効用が減る人が多いのではないだろうか。2回目は9000円だとする。2回合わせた効用は2万1000円になるが，追加1単位当たりの効用は減っていく。3回目，4回目に

94

なると限界効用はさらに減るだろう。図6-1では，限界効用が6000円，3000円と減っていくケースを示した。

　いっぽう，ディズニーランドに行くためには費用がかかる。簡略化のために入園料を7000円とすると，費用はディズニーランドに行く回数分増える。1回目は7000円，2回目までで1万4000円，3回目までは合計で2万1000円だ。

　この例で効用の最大化を前提にすると，何回ディズニーランドに行くことに

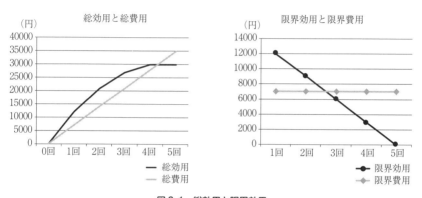

図6-1　総効用と限界効用

表6-1　効用の最大化

	総効用	限界効用(総効用の増加分)	総費用	限界費用(総費用の増加分)	総効用−総費用
0回	0		0		0
		12000		7000	
1回	12000		7000		5000
		9000		7000	
2回	21000		14000		7000
		6000		7000	
3回	27000		21000		6000
		3000		7000	
4回	30000		28000		2000
		0		7000	
5回	30000		35000		-5000

なるだろうか。人々は総効用から総費用を引いたものが最大になるように行動する。表6-1の一番右の列をみると，2回行くのが最大だとわかる。つまり，この人は2回行くと考える。ミクロ経済学によれば，効用が最大になる点は，限界効用と限界費用が等しくなる点であり，この例でもそれが当てはまる。

③ 年間パスポートと効用関数

　年間パスポートの価格について「限界効用逓減の法則」を使って考えてみよう。「限界効用逓減の法則」は，商品を追加1単位消費するときの効用（満足度）の増え方がだんだん減少していくという法則だ。ビールの1杯目はおいしくても，追加して飲む2杯目は1杯目ほどではなく，3杯目の効用はさらに落ちる，というものだ。

　年間パスポートもこの法則が働いていると考えられる。いくらディズニーランドが楽しいとはいえ，追加1単位当たりの効用は低下していく。しかし，限界効用がプラスの間は繰り返しディズニーランドに行くはずだ。限界効用が逓減するなら，「ディズニーランドに何回も行ったので，追加してもう1回行っても楽しくはならない」という，限界効用がゼロになるところまでの回数が計算できる。

　年間パスポートは，1年間何回でもディズニーランドに行けるチケットである。オリエンタルランドは，年間パスポートを売る値段はどうやって決めるのだろうか。年間何回行きたいかによって値段は変わるだろう。ディズニーランドが楽しくて毎日行く人ばかりだったら，値段はかなり高くなるはずだし，1回行けば十分という人ばかりだったら，1デーパスポートの値段と同じ程度になるだろう。

　年間パスポートの値段を1デーパスポートの値段で割ると，年間何回行けば元がとれるかがわかる。ディズニーランドの場合は8.3回で，その回数が最低限年間パスを買った人が行く回数となる。おそらく9回では限界効用がマイナスになる。人々の限界効用が平均9回でもプラスになっているのなら，オリエンタルランドは9回分の値段で年間パスポートを売るだろう。そうなっていな

いということは，8回を超えたあたりで限界効用はゼロになっていると想定できる。

　いっぽう，ユニバーサル・スタジオ・ジャパンの年間パスはディズニーランドよりも安い。適用除外日があるUSJスタジオ・ゴールド・パスは2.1回，除外日のないUSJスタジオ・プラチナ・パスは3.0回で，限界効用がゼロになる回数はディズニーランドよりも少なく2回当たりと考えられる（図6-2）。

　東京ディズニーリゾートの強みの1つはリピーターの多さだが，年間パスポートの値段からもそれを読み取ることができる。

表6-2　ディズニーランドとユニバーサル・スタジオの総効用曲線のちがい

（円）

	2パーク年間パスポート	東京ディズニーランド	東京ディズニーシー	USJスタジオ・ゴールド・パス	USJスタジオ・プラチナ・パス
①年間パスポート	80,000	52,000	52,000	12,800	18,800
②1デーパスポート	6,200	6,200	6,200	6,200	6,200
①÷②	12.9	8.4	8.4	2.1	3.0

（注）2011年4月時点。ＵＳＪのゴールド・パスは，ゴールデンウィーク，連休など適用除外日が設定されている。

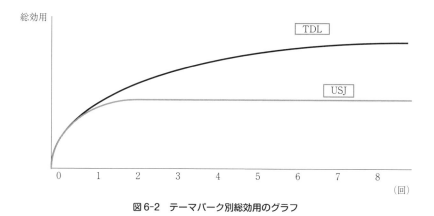

図6-2　テーマパーク別総効用のグラフ

④ 無差別曲線の例

「購入する2つの商品の組み合わせを消費者はどのように決めるか」という問題を効用最大化の観点から考えてみよう。決められた予算内で、ビールと発泡酒を何本ずつ買うか、ポテトチップスとチョコレートを何個ずつ買うかなどの問題である。東京ディズニーリゾートの場合だと、ある予算内で「東京ディズニーシーと東京ディズニーランドにそれぞれ何回行くか」という問題だ。

分析に使うのは無差別曲線だ。縦軸に東京ディズニーシーに行く回数、横軸に東京ディズニーランドに行く回数をとったグラフをつくる。このグラフで2つのパークへ行く回数のさまざまな組み合わせを表すことができる。無差別曲線は、これらの組み合わせのなかで効用が同じ（効用が無差別）になる組み合わせを結んだ曲線のことだ。「無差別（indiffercence）」という言葉は一般的にあまり使わないのでわかりにくいが、「等しい」という意味で考えればよい。たとえば、東京ディズニーランドに1回、東京ディズニーシーに4回行ったときの効用と東京ディズニーランドに2回、東京ディズニーシーに2回行ったとき、東京ディズニーランドに1回、東京ディズニーシーに4回行ったときの効用が同じであれば、その点を結ぶ（図6-3）。

人それぞれ無差別曲線はちがう。上記の例は東京ディズニーランドも東京

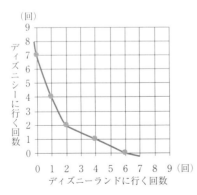

図6-3　無差別曲線

表6-3　　同じ効用の組み合わせ例

(回)

東京ディズニーランド	東京ディズニーシー	合　計
6	0	6
4	1	5
2	2	4
1	4	5
0	7	7

98

ディズニーシーも同じくらい好きな人の場合である。東京ディズニーランドの
ほうが東京ディズニーシーより好きな人もいれば，反対に東京ディズニーシー
のファンの人もいる。個人の無差別曲線はさまざまだ。

　共通点はある。両パークを合わせた回数が同じ場合，どちらか一方が多い組
み合わせより，両方同じくらい行ける組み合わせのほうが効用が高い。たとえ
ば，東京ディズニーランドと東京ディズニーシー2回ずつ行く組み合わせと，
東京ディズニーランドだけ4回行って東京ディズニーシーには行かない組み合
わせのどちらの効用が高くなるだろうか。通常，2回ずつ行ったほうが効用が
高くなる。「限界効用逓減の法則」を考えればわかるように，テーマパークに
行く回数を増やすと追加1回分の効用は下がってくる。1つのものを偏って選
択するよりさまざまなものを均等に選択するほうが限界効用の減り方は少なく
なり，全体の効用が上がる。

　つまり，「東京ディズニーランドと東京ディズニーシーに2回ずつ行く効用
より東京ディズニーランドだけ4回行く効用は小さい」ので，「東京ディズニ
ーランドと東京ディズニーシー2回ずつ行く効用と等しい効用をディズニーラ
ンドだけ行くことで得るためには，東京ディズニーランドに行く回数は4回以
上必要」ということだ。

　図6-4上の無差別曲線は，東京ディズニーランドと東京ディズニーシーに2
回ずつ合計4回行くのと同じ満足度を得るには，東京ディズニーランドに7回
分行く必要がある例を示している。こうした点を結ぶと直線にはならず，左下
に引っ張られた形の曲線になる。

　無差別曲線はさまざまな効用の値に対応して無数に引くことができる。どち
らか一方の行く回数を固定して，もう一方の行く回数を増やせば効用は増える
ので，右上に行くほど効用が高くなるのが無差別曲線の特徴である。無差別曲
線は地図の等高線や天気図の等圧線と似たものと考えればわかりやすい（図6-4）。

⑤　予算線と最適な組み合わせ

　つぎに，予算線を無差別曲線のグラフに重ねて描いてみよう。予算線は決め

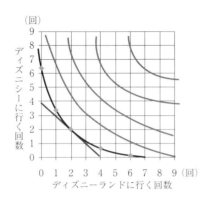

（回）

ディズニーシーに行く回数

9
8
7
6
5
4
3
2
1
0

0　1　2　3　4　5　6　7　8　9（回）
ディズニーランドに行く回数

図6-4　商品の組み合わせに関する効用最大化

られた予算で買える組み合わせを結んだものだ。たとえば，東京ディズニーラ
ンドと東京ディズニーシーの1デーパスポートを7000円として，2万8000円
の予算で行ける組み合わせをグラフに書き込んでみよう。東京ディズニーラ
ンド4回，東京ディズニーシー0回という組み合わせや，東京ディズニーラン
ド3回，東京ディズニーシー1回などの組み合わせなどが考えられる。これら
の点を結ぶと直線となる。同じ予算でも，それぞれ効用はちがう。限られた予
算内で，最も効用が高くなるところを考えると，無差別曲線と予算線が接する
ところになる。東京ディズニーシー3回，東京ディズニーランド1回も同じ予
算だが，両方とも2回行ったときのほうが効用は大きい。人々が効用を最大化
するように行動するとすれば，この場合だと，ディズニーランドに2回，ディ
ズニーシーに2回行くのが合理的だと考えられる。

⑥　さまざまな財の分類法

　経済学では効用が得られるものを財と呼ぶ。財を二種類に分けて，「財とサ
ービス」とすることもある。スイカやパソコンのように目に見えて触れること
ができるものが財で，ウエイトレスの接客や，弁護士の仕事など目に見えない
ものはサービスである。

表6-4　財の分類法

財の分け方など	変化するもの	ディズニーランドの例
代替財と補完財	関連する財に対する需要	東京ディズニーシーに行く人が増えたとき, 東京ディズニーランドに行く人は増えるか?
上級財と下級財	所　得	所得が増えたとき, 東京ディズニーランドに行く人は増えるか?
代替効果と所得効果	価　格	東京ディズニーランドのチケットが高くなったとき

　財の分類法で代表的なものを2つ紹介する。1つは，代替財と補完財だ。ある財への需要が増えたとき，対象となる財の需要が増えるのか減るのかで分類する。ディズニーランドの例でいえば，東京ディズニーシーへの需要が増えたとき，東京ディズニーランドへの需要は増えるのかどうかで，東京ディズニーランドの性質を探るというものだ。

　2つ目は，上級財と下級財で所得が増えたときにその財の需要が増えるかどうかである。人々の所得が増えたとき，東京ディズニーランドに行く人は増えるのかどうかで分類する。

　3つ目は，財の価格が上昇したときその財の需要が増えるのか減るのかで分類するものだ。東京ディズニーランドのチケットが値上がりしたとき，東京ディズニーランドの入園者が増えるかどうか，ということだ。値段が上がれば需要は減ると考えるが，それほど簡単ではない。「代替効果」と「所得効果」という2つの効果が働くためだ。

7　代替財と補完財

　代替財とは，名前のとおり「代わりになる財」のことである。関連する財の需要が減ったとき，逆に需要が増える財のことだ。ほかの財の需要にとって代わる財である。たとえば，コーヒーに対する紅茶，牛肉に対する豚肉や鶏肉などだ。コーヒーが値上がりして需要が減れば，代わりに紅茶を飲む人が増えるだろう。牛肉の値段が上がって需要が減れば，代わりに豚肉や鶏肉を食べる人が増えるだろう。

補完財は，「補う財」のことである。一方の需要が増えると，もう一方の需要も増えるものだ。コーヒーと砂糖，自動車とタイヤなどである。コーヒーの需要が増えれば，コーヒーに入れる砂糖の需要も増える。自動車の生産が増えれば，タイヤの需要も増える。

　ある財が代替財か補完財なのかは，財の性格によって決まっている場合もあるが，ディズニーランドのような人の好みに依存するものは，人によって代替財にも補完財にもなりうる。

　2つの極端な例を考えてみよう。東京ディズニーランドも東京ディズニーシーもどちらも同じくらい好きな人の場合は（完全な）代替財となる。東京ディズニーランドに行く満足度と東京ディズニーシーに行く満足度は同じなので，仮に東京ディズニーシーが閉園していて行けない場合でも東京ディズニーランドに行けば同じ満足度が得られる。この場合，無差別曲線は右下がりの直線となる。通常はどちらか一方に行く回数が多ければ限界効用逓減の法則が働いて直線にはならない。しかし，このケースでは，両者を完全に同じ性質のものとして扱っているので，予算線と同じように右下がりの直線になる。

　いっぽう，東京ディズニーランド，東京ディズニーシーの片方だけ行っても

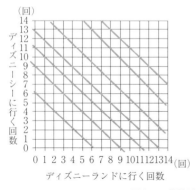

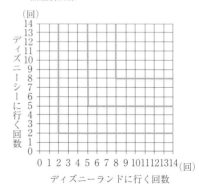

図6-5　代替財と補完財の無差別曲線

満足感は得られず，東京ディズニーランドと東京ディズニーシーを1つずつ行って初めて満足できる人の場合は，（完全な）補完財だと考えられる。この場合，一方のパークだけ多く行っても効用は増えず，両方行くことで初めて効用が上がる。無差別曲線は，両パークの回数が同じ点を頂点として，直角に曲がる直線となる。2つの無差別曲線は極端な場合で実際にこのような無差別曲線をもつ人は稀と思われるが，無差別曲線の理解を深めるためには役立つだろう。

⑧　上級財と下級財

　上級財と下級財という分け方は，所得が上昇したときにその財の購入を増やすかどうかを基準にしたものだ。所得が増えたときに需要が増える財は上級財，需要が減る財は下級財である。

　ミクロ経済学の教科書をみるとさまざまな例が載っている。たとえば，上級財と下級財の組み合わせとして高級なラーメンとカップヌードルがあげられる。所得が増えれば，カップヌードルよりは高級なラーメンを食べる回数が増える。そのほか，バターとマーガリン，ビールと発泡酒，普通乗用車と軽自動車，高級菓子店でしか買えないケーキとコンビニで買えるケーキなどの例が考えられる。

　ユニバーサル・スタジオ・ジャパンで販売されているユニバーサル・エクスプレス・パスも上級財だろう。このチケットを持っていると，アトラクションに乗る際の待ち時間が短縮される。ディズニーランドのファストパスをお金で買うようなものだ。待ち時間を短くするためにお金を払うのはもったいないと考える人は長時間列に並ぶが，長い列に並ぶくらいなら，お金を払ってもよいと考える人はエクスプレス・パスを買う。所得が増えれば増えるほどエクスプレス・パスを買う人が増えると予想され，上級財だと考えられる。

⑨　値上げの効果

　経済学的な考え方が直観と最もちがうのは価格が変動した場合である。価格の変動は，「所得効果」と「代替効果」という2つの効果をもたらすためだ。

表6-5　東京ディズニーランドの入園料の値上げが入園者数に与える効果

ケース	代替効果 (相対価格が上昇)	所得効果 (実質所得が減少)	代替効果と所得効果 の大きさの比較	最終的な効果
1	代替効果：入園者数減	上級財：入園者数減	すべてのケース	入園者数減
2		下級財：入園者数増	代替効果＞所得効果	入園者数減
3			代替効果＜所得効果	入園者数増

　たとえば，東京ディズニーランドの入園料が上昇した場合を考えよう。もし，ユニバーサル・スタジオ・ジャパンの入園料が上がらなかったら，相対価格（ユニバーサル・スタジオ・ジャパンと比べた東京ディズニーランドのチケットの価格）の観点からは需要が減る。これは「代替効果」と呼ばれ，必ず割高になったほうの需要が減る。

　いっぽうで，価格が高くなるということは同じ予算で買えるものが減るということであり，実質的に所得が減ることを意味している。この効果を「所得効果」と呼ぶ。所得が減ったときその商品への需要が増えるかどうかは財の性質による。上級財であれば需要が減り，下級財であれば需要は増える。「代替効果」の場合とちがい，需要が増えるかどうかは財によって異なる。

　つまり，東京ディズニーランドが上級財の場合は入園者数が減り，下級財で「代替効果」のほうが「所得効果」より大きい場合も入園者は減る。しかし，下級財で「所得効果」のほうが「代替効果」より大きい場合は入園者が増える可能性がある。

10　価格弾力性は 1.4％のプラス

　実際にディズニーランドのこれまでの価格改定の影響をみてみよう。価格が需要に与える度合いは，需要の価格弾力性で調べることができる。弾力性とは，あるものが1％増えたとき，ほかのものが何％増えるか（減るか）を数字で表したものである。

　需要の価格弾力性は，ディズニーランドのチケットの価格が1％上昇したとき，需要（入園者数）が何％変化するかを表す。

通常，奢侈品は価格弾力性が大きいと考えられる。日用品は値上がりしても買わざるを得ないものが多く需要は大きく減らないが，不要不急の奢侈品の需要は大きく減る可能性があるためだ。いっぽうで，値上げしたほうがブランド価値が高まり需要が増えるという財も，一部の高級ブランド品などではあり得る。

推計結果をみると，1.369％となった。これは，価格の上昇が需要を増加させている。前節から考えれば3番目のケースに相当する。所得が減ると購入量が増える下級財で，しかも「所得効果」が大きな場合である。しかし，余暇を楽しむというテーマパーク産業のあり方や東京ディズニーランドの高いブランド力から考えて，下級財とは考えにくい。ほかの効果が働いていると考えられる。

1つの仮説は，高級ブランド品の一種とみなし，見せびらかしの効果が強く働いているというものである。「値上げしたあとでも東京ディズニーランドに行く」ほど東京ディズニーランドが好きだという，見せびらかし効果で需要が増えるという考え方だ。

推計自体に問題があることも考えられる。この推計では，サービスの質の変化を考慮していない。通常の車から，性能のよい車に変われば値段が高くなるのは当然である。値上げするにはそれなりの理由が必要であり，テーマパーク

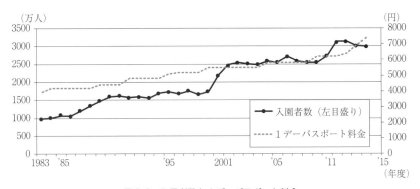

図6-6　入園者数と1デーパスポート料金

(出所) オリエンタルランド「ファクトブック」

表6-6 価格弾力性の推計結果

変　数	係　数	標準誤差	t　値	p　値
定数項	−1.976	1.602	−1.233	0.227
1デーパスポート料金（対数）	1.369	0.190	7.209	0.000
TDSダミー	0.272	0.061	4.474	0.000

(注)被説明変数：東京ディズニーリゾート入園者数(対数)，推計法：最小二乗法，推計期間：1983年度～2016年度。決定係数　0.924，自由度修正済み決定係数　0.919，ダービン・ワトソン比　0.561

の場合は新アトラクション，新パレード導入の場合が多い。東京ディズニーランドの場合も，新しいアトラクションが増えてサービスの質が上がったから入園者が増えた可能性もある。価格弾力性は質を一定として測る必要があり，今後の課題となる。

ジャングルクルーズはどこのジャングルか？

　ディズニーランドは，世界中のさまざまな国の要素が詰まっている。ジャングルクルーズは，未開の川を探検することになっており，「魔法の力で次々と世界の大河をめぐっていく（講談社，1996）」アトラクションである。川についてこだわったアトラクションで，13艘ある船にはそれぞれ世界中の有名な大河の名前（と女性の名前）がつけられている。アトラクションは一本の川に見えるが，世界各地のいろいろな川がつながっているものだと考えられる。船は，①アマゾン川→②ナイル川→③エーヤワディー（イラワジ）川→④ガンジス川の順に進む。

　最初は南米ブラジルを流れるアマゾン川だ。アマゾン川とわかるのはトゥーカン（オオハシ）というクチバシの大きな九官鳥に似た鳥がいるためだ。ワニに食べられそうなサイチョウもアマゾンに棲む鳥だ。次がアフリカ大陸にあるナイル川だ。ナイル川では，耳の大きな「アフリカ象」が登場する。ゴリラやワニ，キリン，シマウマなどがいて，一番長いエリアになっている。滝はシュバイツァーの滝と名付けられている。シュバイツァーはアフリカのガボンで医療に従事した偉人の名前なので，この辺りもアフリカと類推できる。廃墟から洞窟に入るあたりからは，ミャンマーにあるエーヤワディー川だ。入口にはコブラがいる。洞窟のなかの廃墟には，インド神話に出てくる猿の神様ハヌマーンが祀られている。外には仏像がある。洞窟から出ると，インドのガンジス川になる。耳の小さなアジア象（インド象）が現れ，ニシキヘビが出てくる。

　ジャングルクルーズに出てくる川は，新興国に多い。ブラジルとインドはBRICSに含まれている。ブラジル，ロシア，インド，中国，南アフリカを合わせて呼ぶ言葉である。ミャンマーも最近成長が著しく，CLMV（シーエルエムブイ）の一員だ。カンボジア，ラオス，ミャンマー，ヴェトナムの略である。エジプトは，MENA（ミーナ）に入っている。成長している地域であるMiddle East（中東）とNorth Africa（北アフリカ）の頭文字をとったものだ。

第7章　企業行動の分析（利益の最大化）

■この章のポイント■

　この章では，ミクロ経済学の企業分析の基礎を説明する。企業分析の基本は利益の最大化である。収入から費用を引いた利益を最大化する条件を探す。

　費用は固定費用と可変費用に分けて考える。テーマパークのように大きな設備が必要な企業では固定費が大きくなる。固定費が大きい産業では，ある程度以上の売上高がないと利益が出ないが，売上がある時点を超えて増えると利益を出すのが容易になる。

・労働（可変費用）とともに資本（固定費用）も増減可能になる場合の生産に対応した費用の動きを，長期の費用曲線と呼ぶ。

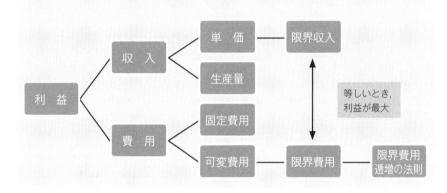

1　利益とは

　経済学の基本的な考え方として，家計は効用を最大化するように行動することを学んだ。これに対して，企業は利益を最大化するために活動していると考える。企業の利益を最も単純化して考えると，収入から費用を引いたものとなる。

　企業の収入は，販売価格に生産量をかけたものである。収入は売上高と考えてもよい。販売価格がどのように決まるのかは，取引する市場によって異なる。小さな企業が多く存在する完全競争市場では，価格は市場で決定される。多数

の小さな企業が市場で取り引きするなかで適正な値段が決まる。個々の企業に価格を決定する力はなく，与えられた価格を受け入れる「プライステイカー（価格受容者）」として行動する。この場合，企業が決められるのは，生産量である。

　市場に企業が少ない場合は，企業が価格を決定できる。市場に企業が1社の場合を独占市場，2〜3社の場合を寡占市場と呼ぶ。独占企業は生産量とともに価格も決めることができる。

　費用は，固定費用と可変費用の2つに分けて考える。固定費用は，生産量に関係なくかかる費用のことだ。ディズニーランドでは，アトラクションの設備，土地の購入代金，正社員の人件費などだ。可変費用は生産量に比例して増える費用のことだ。レストランの食材，アトラクションキャストの人件費，電気代，ガス代などだ。

　収入，費用，利益をそれぞれ式で表すと以下のようになる。固定費用は生産量に左右されず，可変費用は生産量に比例して決まる。費用は生産量が決まれば決まる仕組みだ。完全競争市場の場合，価格は市場で決まるので，個別の企業が変えられるのは生産量だけである。最も基本的な経済学の考え方は，「企業は生産量を変えることによって利益が最大化する生産量を見つけるように行動する」である。

$$収入 ＝ 価格 \times 生産量$$
$$費用 ＝ 固定費用 ＋ 可変費用$$
$$利益 ＝ 価格 \times 生産量 － 費用$$

② 装置型産業の特徴

　「利益が最大となる生産量を求めること」，これが本章の最大の課題だが，その前に費用の性質を見ていこう。固定費用と可変費用のちがいを理解するには，学園祭に模擬店を出店する例がわかりやすい。学園祭に出店する候補は2つあって，1つはお化け屋敷でもう1つが焼きそば屋だ。お化け屋敷がテーマパーク，焼きそば屋が外食産業と考えることができる。お化け屋敷の入園料も焼きそば1食分も値段は300円とする。お客さんは1人当たり同じだけの料金を支払う。ただ，両者の費用構造は大きくちがう。

お化け屋敷は装置をつくるのに，5000円かかるが，お客さんが大勢来てもそれ以上費用はかからない。お客さんの追加1人当たりの費用である限界費用はゼロ円だ。これが装置型産業の特徴だ。いっぽう，焼きそば屋は装置をつくるのにお金はかからないが，毎食200円かかるとする。限界費用は200円ということだ。焼きそばづくりにはコンロや鉄板が必要で固定費用はゼロではないが，単純化するためそれらは無料で仕入れられるとする。

　その結果を表にすると，表7-1のようになる。お客さんの人数によって2つの店の利益がかなり変わることがわかる。お客さんが10人の場合は，お化け屋敷は赤字になる一方，焼きそば屋は1000円の黒字になる。固定費がないため少ないお客さんでも利益が出しやすい。いっぽう，お客さんが増えてくるとお化け屋敷の利益は大きくなる。お客さんが50人の場合，お化け屋敷なら1万円儲かるが，焼きそば屋の場合は5000円しか儲からない。お客さんがさらに増えるとお化け屋敷の儲けと焼きそば屋の儲けの差はどんどん大きくなっていく。

　このように，固定費の多い産業は入園者が確保できれば大きな収益を生み出すことができる半面，入園者が減ってしまうと巨大な固定費が重荷になり，赤字に転落しやすいことがわかる。

　固定費が大きくても入園者数が確保できて利益が出ていれば，新たなアトラクションの構築も容易になり，さらに入園者数を増やすことができる。いっぽう，利益が出ていない状態で新たな設備投資をすることは固定費をさらに増や

表7-1　お化け屋敷と焼きそばの収益構造

（円）

お客さん	お化け屋敷			焼きそば屋		
	収　入	費　用	利　益	収　入	費　用	利　益
10人	3,000	5,000	−2,000	3,000	2,000	1,000
20人	6,000	5,000	1,000	6,000	4,000	2,000
30人	9,000	5,000	4,000	9,000	6,000	3,000
40人	12,000	5,000	7,000	12,000	8,000	4,000
50人	15,000	5,000	10,000	15,000	10,000	5,000

すことになり，入園者が増えなければ損失がかさむことになる。だからといって設備投資をしないとさらにテーマパークに魅力がなくなり客足が遠のくというジレンマに陥る。ディズニーランドは新たな設備投資の効果があって入園者数を増やしてきたが，設備投資に失敗して入園者が減り閉園したテーマパークも多い。

③ 限界費用逓増の法則

　費用の構造をもっと詳しくみていこう。「お化け屋敷と焼きそば屋」の例だと，お客さんが来ればくるほど利益がでるので，利益が最大になる点はなく，お客さんが増えるほど儲かる仕組みになっている。しかし，実際の企業では生産量が増えていくと費用が加速度的に増えて，収入を上回る点があると考えられる。追加的に1単位生産するのにかかる費用（限界費用）がどんどん大きく（逓増）なるので，「限界費用逓増の法則」と呼ばれる。

　そのメカニズムを説明するために，まず「限界生産力逓減の法則」を説明する。これは「限界費用逓増の法則」と同じことについて見方を変えて示したもので，コインの裏表のようなものである。

　限界生産力とは，設備などほかの条件が一定の場合，労働力を追加的に1単位ずつ増やしたときの生産力（生産量）のことだ。生産量が増えると限界生産力は徐々に減っていくと考えるのが妥当である。東京ディズニーシーにあるリストランテ・ディ・カナレット（イタリア料理店）で考えてみよう。シェフが1人でパスタをつくるよりもシェフ2人でパスタをつくるほうが生産量は増えるだろう。シェフがどれだけ手際がよいとしても，パスタをつくる量は1人よりは2人のほうが多そうだ。しかし，3人，4人と増えていくとどうだろうか。シェフが増えればパスタをつくる量は増えるだろうが，3倍，4倍というほどには増えないだろう。パスタをゆでる釜の数など設備の量は一定なので，シェフの人数に比例してパスタの量を増やすのはむずかしい。横軸をシェフの数，縦軸を生産量としてグラフを描くと，傾きがだんだん緩やかになっていくグラフとなる。限界効用のグラフと同じような形である。シェフの数が増えれば，パ

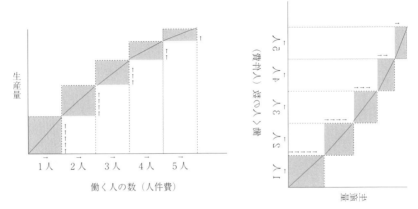

図7-1　限界生産力逓減と限界費用逓増
（注）右図は左図を裏返しにしたものなので，文字も裏返しになっている。

スタをつくる量は増えるが，追加したシェフ1人当たりのパスタをつくる量は
だんだん減っていくというのが「限界生産力逓減の法則」の意味するところで
ある。

　つぎに，「限界生産力逓減の法則」と「限界費用逓増の法則」との関係を説
明する。図7-1の2つのグラフをみてほしい。左側の「限界生産力逓減の法則」
に使ったグラフの縦軸と横軸を入れ替え，裏返しにすると，右側の「限界費用
逓増の法則」が導き出せる。

　右側のグラフをみると，横軸は生産量，縦軸は投入した人数となっている。
投入した人数を人件費と考えれば費用に当たる。1単位の生産に要する費用は
だんだん増えていくことがこのグラフからわかり，「限界費用が逓増」してい
くことがわかる。

4　利潤最大化のポイント

　限界費用が逓増していく場合，生産量を増やしていくと費用の増え方が急速
に大きくなる。いっぽうで，収入は価格と生産量で決まるので，直線的にしか
増えない。このため，最初は利益が増えるが，ある水準より生産量が大きくな

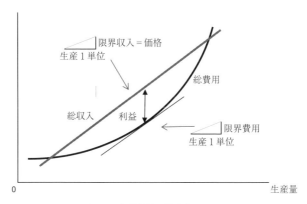

総費用
総収入

限界収入＝価格
生産1単位

総費用

総収入　利益

限界費用
生産1単位

0　　　　　　　　　　　　　　　　　　　　生産量

図7-2　企業利益の最大化

ると利益が減っていく（図7-2）。

　どの生産量で利益が最大になるのだろうか。あらかじめその答えをいうと，限界収入と限界費用が等しいときとなる。これはグラフをみるのがわかりやすい。限界収入は生産量1単位あたりの収入だから1単位の商品を売るときの価格になる。その価格は，総収入を縦軸，生産量を横軸にとったグラフでは傾きを表す。いっぽう，限界費用は1単位生産量を増やしたときの費用である。限界費用は前述したとおりだんだん増えていく。図7-2をみると，利益が最大になるのは，総収入と総費用の差が最も開いたところである。その生産量では，限界収入（価格）と限界費用が等しくなることがわかる。総収入の傾きと総費用の傾きが等しくなった点ともいえる。つまり，「利益が最大となる生産量＝限界収入と限界費用が等しくなる生産量」ということになる。

⑤　平均費用曲線と新規参入

　利益が最大になる生産量は，限界費用と限界収入（価格）が等しい生産量である。ただ，その生産量で利益が出るとしたら，新規参入企業が現れるだろう。

　1983年にディズニーランドが開園して軌道にのったあと，バブル期には雨

後の筍のようにテーマパーク
ができた。リゾート法という
法律の後押しもあったが，テ

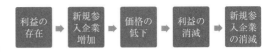

利益の存在 ➡ 新規参入企業増加 ➡ 価格の低下 ➡ 利益の消滅 ➡ 新規参入企業の消滅

ーマパーク運営が事業として成り立つことがわかったため，新規参入企業が増
えたと考えることもできる。

　利益は，収入から費用を引けば計算できる。収入は単価×生産量で表される。
グラフでは，市場価格と利潤最大化生産量とで囲まれる部分になる。収入を計
算するのは簡単だ。

　費用を計算するには，まず限界費用曲線と平均費用曲線を描いてみる。限界
費用は，生産追加1単位当たりの費用で，「限界費用逓増の法則」から，徐々
に傾きが急になっていく。平均費用とは，生産1単位当たりの費用である。「限
界」は追加分のことだが，「平均」は総費用を総生産量で割ったものである。
平均費用曲線はU字型になる。最初は固定費の影響が大きいため，生産量が
増えれば増えるほど生産1単位当たりの費用が減少する。1生産量当たりの固
定費は生産量が増えれば増えるほど少なくなるためだ。しかし，生産量が増え
ると変動費が増えていく。変動費の限界費用は逓増するので平均費用は増加に
転じる。

　　　平均費用＝費用÷生産量

　　　費用＝平均費用×生産量

　この式を使えば，費用をグラフ上で表すことができる(図7-3)。平均費用と
生産量をかけた部分が費用になる。価格と平均費用の差に生産量をかけた分だ
け利益が出るということだ(図7-3の網かけ部分)。

　利益が出るということはほかの企業が参入するということだ。生産量が増え
れば価格は低下して，平均費用と価格が等しくなるまで価格は低下することに
なる。平均費用が限界費用と等しくなるまで価格を下げると利益はなくなって，
参入企業もなくなる。このときの価格や売上高を損益分岐点と呼ぶ。もしこれ
以上価格が下がれば収入よりも費用のほうが多くなって，損失が出る。

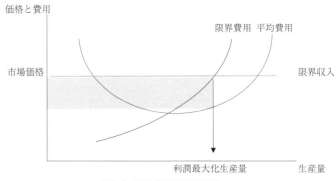

図7-3　平均費用と限界費用

⑥　オリエンタルランドの費用分析

　では，ディズニーランドでは平均費用や限界費用はどんな形をしているのだ
ろうか。実際のデータでみてみよう。生産量は入園者数とした。費用は売上高
から営業利益を引いたものとした。費用は消費者物価指数（総合，2010年=100）
で実質化した。

　サブプライムローンをきっかけに世界的な金融危機が起こった2008年度と
2009年度はほかの期間と比べてちがう動きをしており（平均費用では左上の数値），
全体の傾向をかく乱する方向に作用しているが，修正を加えずに散布図を作成
した。

　平均費用は，入園者1人当たりにかかる費用である。入園者数が増えるにつ
れて平均費用は減っていることがわかる。これは固定費の大きい装置産業の特
徴である。

　限界費用は追加生産1単位当たりの実質化した費用の増分なので，（実質費用
－前年の実質費用）/（入園者数－前年の入園者数）とした。入園者数が増えると限
界費用は増えており，「限界費用逓増の法則」が当てはまる。

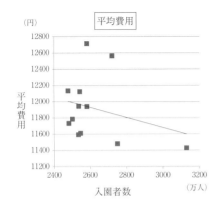
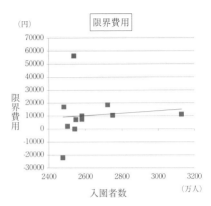

図7-4　ディズニーランドの平均費用と限界費用

（注）オリエンタルランド「ファクトブック」より。2002年度から2013年度まで。費用は売上高－営業利益で算出。生産量は入園者数とした。消費者物価指数（総合）で実質化した。

⑦　損益分岐点分析

　市場で決まる価格に生産量をかけて収入が得られ，平均費用に生産量をかけて費用が計算できる。収入が費用を上回って利益がでるためには，価格が平均費用より上になければならない。しかし，利益がでていると参入企業が増え，供給が増えるため価格が下がる。価格の低下には限界がある。価格の下限は，平均費用が一番小さくなる価格である。これ以下の価格で企業は活動しない。ここが損益分岐点だ。

　オリエンタルランドの損益分岐点を調べてみよう。有価証券報告書を使い，四半期別の営業利益と売上高から利益がでる売上高を調べてみた。図7-5によると，営業利益と売上高は比例関係にあることがわかる。このグラフから，営業利益がゼロのときの売上高を求めることができる。

　最小二乗法を使って，推計してみよう。推計期間は，2003年4-6月期から2017年1-3月期まで。売上高が増えれば営業利益が増えるが，売上高が少ない場合は営業利益がマイナスになることもある。このグラフから，営業利益が

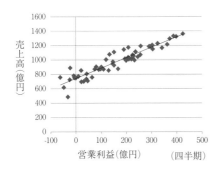

図7-5　損益分岐点の推計

（出所）オリエンタルランド「有価証券報告書，決
　　　　算短信」

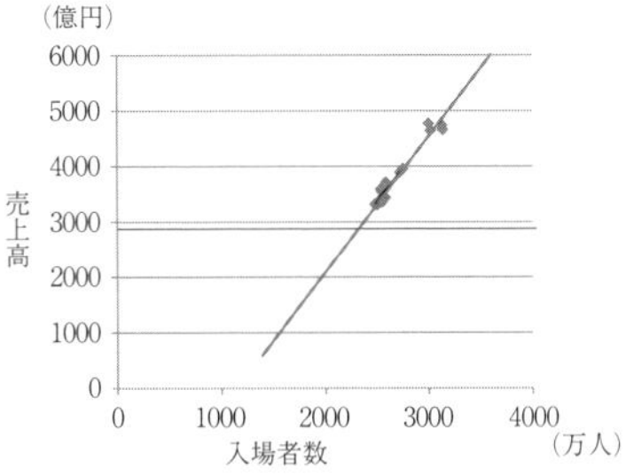

図7-6　売上高と入園者数
（2002～2016年度）

ゼロになる四半期の売上高は740億円，年度では4倍の2960億円となる。

　では，年間売上高2960億円をあげるためには，入園者数はどの程度必要な
のだろうか。有価証券報告書を使って，2002年度から2016年度までの入園者
数と売上高を散布図で書くと図7-6のようになる。両者の関係から，年間2960
億円に対応する入園者数は2313万人となる。2313万人が損益を分ける入園者
数だということがわかる。2016年度の入園者数は約3000万人で，利益をだす
のに十分な入園者数であることがわかる。

　これを365で割って1日当たりに直すと，6万3800人になる。1日にこれだ
けの入園者がなければ赤字になるということだ。

⑧　費用逓減産業

　農業や製造業などの従来型産業は，平均費用はある点から逓増していくが，
費用が逓減していく部分で生産する産業もある。その代表例は電力業である。
発電所や送電設備などの固定費が大きいため，利用者が増えれば増えるほど，
固定費の負担が減り，平均費用は減り続けることになる。この場合は，限界費
用が限界収入と等しくなる生産量は現実的な生産量よりも大きいため，生産す

ればするほど利益が上がる構造となる。

　テーマパークでも同様なことがいえる。入園者が増えても，アトラクションの設備などにかかるコストは変わらない。お客さんが増えるにつれ固定費の負担が減るため，平均費用は減り続ける可能性がある。図7-4からはその様子がうかがえる。

⑨　長期の費用曲線

　これまで解説してきた費用曲線は，資本設備の量を変えずに労働投入量のみを変えた場合の費用曲線（短期費用曲線）だ。生産量を増やすためには，新たな機械（資本設備）を導入するという手もある。資本設備の増減も考慮に入れた費用曲線のことを長期費用曲線と呼ぶ。少ない量を生産するときはそれに適した機械が，多い量を生産するにはそれに適した機械があるため，機械の大きさを変えることによって費用は変わる。

　小さな遊園地では小さなジェットコースターで済むかもしれない。入園者数が多い遊園地では大きな設備が必要だ。たとえば1日500人乗ることができるジェットコースター設備では，労働者をどれだけ増やしていっても，ジェットコースターに乗れる人数は限られるだろう。しかし，1日1000人乗ることができる大きなジェットコースターを購入すれば生産量（入園者数）を増やすこと

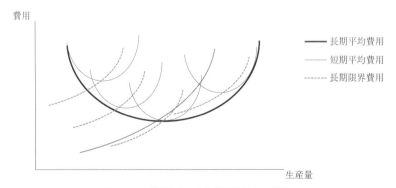

図7-7　長期平均費用と短期平均費用の関係

ができる。

　長期費用曲線は，大きさのちがう機械のそれぞれについて短期費用曲線を描き，無数に引ける短期曲線の費用が最も小さくなる場所をつないだもの（包絡線と呼ぶ）だ。

⑩　独占市場の価格

　独占市場とは，ある市場に1つの企業しかない市場のことだ。たとえば，電力自由化前の電力会社である。電気を買おうとしたら，さまざまな会社から1社を選ぶのではなく，1つの会社しか選べない。

　独占市場には完全競争市場にない弊害がある。完全競争市場より高い価格設定となり，供給量も減る。ディズニーランドのなかでポップコーンを売ることを考えてほしい。ほかの競争相手がいないので，価格は自由に設定できる。自由に設定できるにしても，いつでも需要が同じというわけではない。リフィル（詰め替え分）の値段を1つ1000円にすれば買う人は減るだろうし，100円にすれば買う人は増えるだろう。ここで，収入は価格×生産量であることを思い出してほしい。適度な価格のときに収入は最大になることがわかるだろう。では利益が最大になるのはどこかというと，限界収入と限界費用が等しくなる点だ。

　完全競争のときは，限界収入と価格は等しく，一定だ。生産量が1単位増えたときの収入は，価格そのものだからだ。しかし，独占企業の場合は限界収入は生産量が増えると減少する。生産量を1単位増やすと，供給量が増えるので価格が

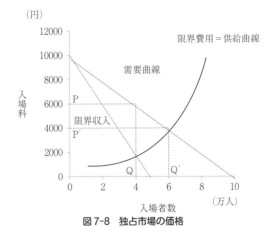

図7-8　独占市場の価格

（注）PとQは独占市場の場合の入場料と入場者数，P´とQ´は完全競争市場の場合の入場料と入場数数。

低下する。収入は価格×生産量だから，価格が低下する分限界収入は小さくなる。

　独占企業は，限界収入と限界費用が等しいところで収益が最大になるので，その分生産する。しかし，それは完全競争市場を前提にしたときよりも少ない生産量となる。完全競争市場を前提にすると，価格は需要曲線と供給曲線が交わったところに決まる。独占市場では，限界収入と限界費用が等しいときの生産量に対応するためだ。

第8章 テーマパークとレジャー（観光学）

■この章のポイント■

　本章ではテーマパークの定義や歴史を学ぶ。世の中にはさまざまな企業があり，業種がある。東京ディズニーリゾートはテーマパークであり，サービス業の一種に分類される。

　テーマパークに似た業種としては，公園や遊園地がある。それぞれどのようにちがうのだろうか。

　また，日本のテーマパークはどのように発展してきたのか，またその課題は何かを探りたい。

遊園地などの分類			世界のテーマパーク	
公　園	遊園地	テーマパーク	入園者数ランキング	ベストパーク
無料公園 / 有料公園	ライドパーク / アミューズメントパーク	テーマパーク / テーマリゾート	グローバル・アトラクション入場者数報告	ゴールデン・チケット・アワード

① 分類学

　分類は1つの学問になる。たとえば恐竜の分類である。さまざまなタイプの恐竜がいるが，それを丁寧に分類して似たもの同士を集めて体系化する。こうした体系があるからこそ，新種の恐竜と既存の恐竜を見分けることができる。

　産業の分類も重要だ。日本全体の経済活動をみるためにはGDPをみればよいが，GDPはさまざまなタイプの産業を合わせたものである。製造業や卸小

表8-1　遊園地などの分類

大分類	中分類	例
公　園	無料公園	日比谷公園
	有料公園	昭和記念公園
遊園地	ライドパーク	富士急ハイランド
	アミューズメントパーク	ジョイポリス
テーマパーク	テーマパーク	ユニバーサル・スタジオ・ジャパン
	テーマリゾート	ディズニーランド，ディズニーシー，ハウステンボス

売業，建設業などの活動を把握して作成されている。こうした業種別統計をつくる場合は類似の業界をひとくくりにして集計することが重要で，産業の分類も大きな課題の１つとなっている。

② テーマパークの定義

　東京ディズニーリゾートの活動は，『特定サービス産業実態調査』の「公園・遊園地・テーマパーク」に含まれる。公園，遊園地，テーマパークについては以下のように整理してある。

　①公　園　○○公園，○○庭園，○○公園管理事務所などと呼ばれている事業所で，入場（園）料を徴収することで入場でき，樹木，池などの自然環境を有して，娯楽を提供し，または休養を与える事業所。

　②遊園地　主として屋内，屋外を問わず，常設の遊戯施設を３種類以上（直接，硬貨・メダル・カードなどを投入するものを除く）有し，フリーパスの購入もしくは料金を支払うことにより施設を利用できる事業所。遊戯施設とは，コースター，観覧車，メリーゴーランド，バイキング，フライングカーペット，モノレール，オクトパス，飛行塔，ミニSL，ゴーカートなどをいう。

　③テーマパーク　入場料をとり，特定の非日常的なテーマのもとに施設全体の環境づくりを行い，テーマに関連する常設かつ有料のアトラクション施設を有し，パレードやイベントなどを組み込んで，空間全体を演出する事業所。アトラクション施設とは，映像，ライド（乗り物），ショー，イベント，シミュレ

ーション，仮想体験（バーチャルリアリティ），展示物の施設などをいう。

③ 公園とは

　これらの分類について1つずつみていこう。まず，ここでいう「公園」は，通常の無料で入れる公園は除外されていることだ。これらは，都道府県や市町村が運営しており，企業とはいえない。いわゆる公共財である。産業としての「公園」は入場料をとることが条件となっている。

　ちなみに公園は「公共財」というテーマとは切ってもきれない題材なので，さらに詳しく考えてみよう。「公共財」というのは，さまざまな財のうちで，普通の財とはちがう性質をもつもので，民間の市場に任せていては存在できないもののことだ。近くの公園を考えてみればわかる。通常の公園は，無料で誰でも入ることができる。こうした公園を企業がつくることは考えられない。費用だけかかって儲からないためだ。こうした財は民間が供給しないため，政府がつくることになり，「公共財」と呼ばれる。誰かがこれを使うことを止められないことを「非排除性」と呼ぶ。非排除性があるということは，ただで使われてしまうということなので，「公園」にすればもちろん排除することもできる。周りを囲って，入場料をとればよい。それが，この統計でいうところの「公園」である。

　料金をとって「公園」と名乗っているところが本当にあるのかという疑問も浮かぶと思うが，全国に81カ所ある。

　東京都立川市の昭和記念公園が代表的な例だろう。「公園」と「入場料」というキーワードで検索すると，しらこばと水上公園，ふなばしアンデルセン公園などがでてくるので，こうした業態が公園に含まれていることがわかる。

④ 遊園地とは

　遊園地とテーマパークのちがいは微妙だが，遊園地は乗り物主体で，テーマに沿ってつくられていないということになるだろう。富士急ハイランドやとしまえん，ナガシマスパーランド，ひらかたパークなどが代表的なものだ。

例示されている器具はだいたい想像できるが，オクトパスというのは，タコの足の先に乗り物が付いていて，くるくる回るものだ。遊園地には同じ場所でくるくるまわるアトラクションがあるが，その代表例をオクトパスとしている。東京ディズニーランドでは「空飛ぶダンボ」，東京ディズニーシーでは「スカットルのスクーター」「ブローフィッシュバルーンレース」「ジャスミンのフライングカーペット」などがあげられる。

　ちなみに，空飛ぶダンボは東京ディズニーランドのファンタジーランドにあるアトラクションで，待ち時間が長いアトラクションの1つである。ダンボがくるくる回るという子ども向けのアトラクションだ。上昇下降を自由に操れるのが，ほかの遊園地の同種のアトラクションとのちがいだ。単純なアトラクションだが，いつも30〜60分待ちとかで，あまり空いているところはみない。アトラクションとしては凝ったものではないが，その単純さが魅力になっている。

⑤　テーマパークとは

　テーマパークの場合は，「特定の非日常的なテーマ」のもとに施設がつくられているという定義だ。東京ディズニーリゾートでは，ディズニー映画やアニメがテーマ，ユニバーサル・スタジオ・ジャパンでは，ユニバーサル・スタジオの映画がテーマということになるのだろう。

　こうした施設が遊園地と決定的にちがうのは，あるテーマをもっているということである。しかし，テーマをもった遊園地というものもないわけではない。たとえば，北九州市のスペースワールドは，宇宙というテーマをもっているが，多くは遊園地にあるアトラクションである。両方追求しようというアトラクションもあるということだ。

　そもそも，東京ディズニーリゾートはこの定義に沿っているかどうかをみていこう。まず，「入場料をとり」というところは問題ない。「特定の非日常的なテーマのもとに施設全体の環境づくりを行い」という点も，ディズニーという非日常的なテーマで施設全体の環境づくりを行っている。「テーマに関連する

表8-2　公園・遊園地・テーマパークの事業所数，売上高

	事業所数	年間売上高（百万円）
施設合計	135	284,009
公　園	66	10,114
遊園地	49	31,971
テーマパーク	20	241,923

（出所）経済産業省『特定サービス産業実態調査』2015年

常設かつ有料のアトラクション施設を有し」という点でも問題ない。「パレードやイベントなどを組み込んで，空間全体を演出する事業所」という点でも，パレードをやっているし，季節ごとにイベントを行っている。

　また，アトラクション施設の中身についても例示されている。たとえば，「映像」＝ミッキーのフィルハーマジック，「ライド（乗り物）」＝カリブの海賊など，「ショー」＝ショーベースなどのショー，「イベント」＝ハロウィーンイベントなど，「仮想体験（バーチャルリアリティ）」＝スター・ツアーズ：ザ・アドベンチャーズ・コンティニューなど，「展示物の施設」＝シンデレラ城などをいう。ただ，1つ，シミュレーションというのは思い浮かばない。仮想体験とのちがいがむずかしい。

⑥　遊園地に関する新たなアプローチ

　『東大オタキングゼミ』（岡田斗司夫，自由國民社）というゲームや映画といったオタクが興味をもつものを解説している本がある。この本の第1章は「テーマパーク」で，ディズニーランドに関してもかなり詳しい解説がある。そこでは表8-3のように，遊園地を平均滞在時間と収益源に焦点を当てて分類している。

　テーマパークでない，いわゆる遊園地は，入場料やアトラクションのチケット販売を収益源にしているのに対し，テーマパークでは，お土産などの物品販売や園内のレストランの売り上げも収益源と考えている。基本的には日帰り施設である。

表 8-3　遊園地の分類

	解　説	具体例	収益源	平均滞在時間
ライドパーク	いわゆる遊園地	としまえん，東京ドームシティアトラクションズ	入場料とチケット販売	4 時間程度
アミューズメントパーク	広義の「アミューズメント施設」	ナムコ・ワンダーエッグ，ジョイポリスなど	入場料とチケット販売	3 時間程度
テーマパーク	コンセプトの「テーマ性」で集客し，満足感を与える。	東京ディズニーランド，ユニバーサル・スタジオ・ジャパンなど	チケット販売，物販，飲食代	7 時間以上
テーマリゾート	長期滞在客を前提としたリゾート	ハウステンボスなど	滞在費と物品	48 時間程度

（出所）岡田，1998 をもとに作成

　アミューズメントパークに分類されている二子玉川にあったナムコ・ワンダーエッグは 2000 年 12 月 31 日に閉園している。現在では，お台場にある東京ジョイポリスがそれに近い。ゲームセンターを大きくしたような感じである。東京ディズニーランド，東京ディズニーシーはそれぞれ単体でみればテーマパークと捉えることもできるが，周辺のホテルなども合わせて考えれば宿泊者を対象にしたテーマリゾートともいえる。

⑦　日本のテーマパークの歴史

　テーマパークといえば東京ディズニーランドというイメージがあるが，東京ディズニーランド開園以前にもテーマパークは存在していた。それを振り返ってみたい。

　日本で最初のテーマパークは，1965 年に開園した博物館明治村（愛知県犬山市）だといわれている。その後東映太秦映画村（1975 年開園），四国村（1976 年開園・屋島山麓に四国各地から古い民家を移築復原した野外博物館）などが開園した。

　1983 年に東京ディズニーランドが開園した。その後リゾート法（総合保養地域整備法，1987 年）が制定され，全国各地に観光の目玉とするためテーマパー

クが建設された。

リゾート法は，都道府県が策定し，国の承認を受けたリゾート施設について，さまざまな優遇措置を与える法律である。優遇措置としては，①企業に対する開発許可を弾力化，②税制上の支援，③政府系金融機関の融資などがある。

しかし，来場者の減少で民事再生法や会社更生法などの適用が相次いだ。

<閉園したテーマパーク>
■アクアリゾート ルネスかなざわ(石川県金沢市)■アジアパーク(熊本県荒尾市)■天城いのしし村(静岡県伊豆市)■アメージングスクエア(東京都足立区)■いぬたま・ねこたま(東京都世田谷区)■石廊崎ジャングルパーク(静岡県南伊豆町)■愛媛わんわん村(愛媛県東温市)■柏崎トルコ文化村(新潟県柏崎市)■神奈川フィッシングパーク(神奈川県相模原市)■九州わんわん王国(熊本県荒尾市)■倉敷チボリ公園(岡山県倉敷市)■香嵐渓ヘビセンター(愛知県豊田市)■ゴールドパーク串木野(鹿児島県いちき串木野市)■しましまタウン(神奈川県川崎市高津区，愛知県名古屋市千種区など日本国内7箇所)■新宿ジョイポリス(東京都新宿区)■チチヤスハイパーク(広島県廿日市市)■東京セサミプレイス(東京都あきる野市)■東京マリン(東京都足立区)■道頓堀極楽商店街(大阪府大阪市)■長崎オランダ村(長崎県西海市)■ナムコ・ワンダーエッグ(東京都世田谷区)■新潟ロシア村(新潟県阿賀野市)■ネイブルランド(福岡県大牟田市)■広島ニュージーランド村(広島県安芸高田市)■びわ湖わんわん王国(滋賀県守山市)■富士ガリバー王国(山梨県富士河口湖町)■横浜ジョイポリス(神奈川県横浜市) ほか

表8-4　ジョイポリスの開園日と閉園日

	開園日	閉園日	期　間
横浜ジョイポリス	1994.07	2001.02	6年8ヵ月
新潟ジョイポリス	1995.12	1998.04	2年5ヵ月
福岡ジョイポリス	1996.04	2001.09	5年6ヵ月
東京ジョイポリス	1996.07	―	営業中
新宿ジョイポリス	1996.10	2000.08	3年11ヵ月
岡山ジョイポリス	1998.07	―	営業中
京都ジョイポリス	1998.09	2002.08	4年
梅田ジョイポリス	1998.11	―	営業中

表8-5　テーマパーク関連年表

年	国内（開園）	国内（閉園・破たん）	海外（開園）
1955			ディズニーランド（アナハイム）
1965	博物館明治村		
1971			ディズニーワールド（オーランド）
1973	ウエスタン村		
1983	東京ディズニーランド長崎オランダ村		
1986	日光江戸村		
1989			MGMスタジオ（オーランド）
1990	スペースワールド		
1991	レオマワールド		
1992	ハウステンボス		ユーロ・ディズニー（パリ）
1994	志摩スペイン村		
1997	倉敷チボリ公園		
1998		鎌倉シネマワールド閉園	
2000		レオマワールド閉園	
2001	東京ディズニーシーユニバーサル・スタジオ・ジャパン	シーガイア破たん長崎オランダ村閉園	ディズニー・カリフォルニア・アドベンチャー（アナハイム）
2002			ディズニースタジオ（パリ）
2003		ハウステンボス破たん	
2004	ニューレオマワールド		
2005			香港ディズニーランド
2007		ウエスタン村（休園）	
2008		倉敷チボリ公園閉園	
2016			上海ディズニーランド

⑧　世界のテーマパーク入園者数

　テーマエンターテインメント協会（Themed Entertainment Association（TEA））と調査会社AECOM（以下，TEA/AECOM）は，テーマパークに関するかなり詳しいレポートであるグローバル・アトラクション入場者数報告（Global Attractions Attendance Report）を公開し，そのなかで毎年世界のテーマパーク入場者数ランキングを発表している。2017年6月に発表した世界のテーマパ

表8-6　世界のテーマパーク (2016年)

	テーマパーク	場　所	入場者数 (万人)
1	マジックキングダム	フロリダ	2040
2	ディズニーランド	カリフォルニア	1794
3	東京ディズニーランド	東　京	1654
4	ユニバーサル・スタジオ・ジャパン	大　阪	1450
5	東京ディズニーシー	東　京	1346
6	エプコット	フロリダ	1171
7	ディズニーアニマルキングダム	フロリダ	1084
8	ディズニーハリウッドスタジオ	フロリダ	1078
9	ユニバーサルスタジオ	フロリダ	1000
10	アイランズオブアドベンチャー	フロリダ	936

（出所）TEA／AECOM“2016 Global Attractions Attendance Report”

ークの入園者数ランキングでは，東京ディズニーランドは第3位，東京ディズニーシーは第5位となっている。ユニバーサル・スタジオ・ジャパンも第4位と健闘している。オリエンタルランドは，パーク別の入園者数は公表していないが，このレポートには東京ディズニーランドの入園者数1654万人，東京ディズニーシーの入園者数1346万人と，パーク別の内訳も載っている。

　東京ディズニーランドの人数はもう少し多く，東京ディズニーシーの人数はもう少し少ないような気がする。2000年度は東京ディズニーシー開園前だが，当時の東京ディズニーランドの入園者数は1730万人だった。現在のほうが混んでいる気がする。

⑨　世界一の遊園地はヨーロッパ・パーク

　遊園地の業界誌である米国のアミューズメント・トゥデイ（Amusment Today）社は，毎年秋に「ゴールデン・チケット・アワード」という賞を発表し，優秀なテーマパークを表彰している。専門家が投票して選ぶ。

　2016年に選んだベストパークは，ドイツの「ヨーロッパ・パーク」だった。ヨーロッパ・パークは，ヨーロッパ各国をテーマにしたエリアがあるほか，グ

表 8-7　世界のベストテーマパーク（2016 年）

	ベストパーク 2016	場所	投票率	前年順位比
1	ヨーロッパ・パーク	ドイツ	26%	→
2	シダー・ポイント	オハイオ州	19%	→
3	ドリーウッド	テネシー州	11%	↑
4	ノベルズ・アミューズメント・リゾート	ペンシルベニア州	9%	↓
5	ユニザーサルズ・アイランズ・オブ・アドベンチャー	フロリダ州	7%	↑
6	プレジャービーチ、ブラックプール	イギリス	6%	→
7	ブッシュ・ガーデンズ・ウイリアムズバーグ	バージニア州	5%	↓
8	ファンタジアランド	ドイツ	4.5%	↑
9	オールトン・タワーズ	イギリス	4.0%	→
9	東京ディズニーシー	日　本	4.0%	→

（出所）アミューズメント・トゥデイ社「ゴールデン・チケット・アワード 2016」

リム童話などおとぎの国のエリアや，ジェットコースターなどの乗り物中心のエリアがある。南ドイツのライン川沿いのルストにあり，大都市からは遠いが，ドイツにありながらフランスのストラスブールやスイスのチューリヒなどから行きやすい場所にある。フロリダのエプコットや万国博覧会のような国別のエリアや本格的なジェットコースターは，かなり幅広い客層を取り込める。

　第2位は「シダー・ポイント」だ。オハイオ州，エリー湖畔にある。ジェットコースターが16基もあり，日本のテーマパークでいえば，富士急ハイランドのような性格の遊園地だ。ウェブページにはジェットコースターに乗って撮った動画も載っている。

　ディズニー関係では，第9位に東京ディズニーシーが入っている。2015年はカリフォルニアのディズニーランドが第5位だったが，第10位以下となった。

コラム 東京ディズニーリゾートの混雑分析

　ディズニーランドの混雑状況を研究することは，需要予測の応用になる。需要予測の基本は，所得や価格といった基本的な経済変数だろう。それらを使って年間入園者数を長期的には予測することができる。

　しかし，短期的にはさまざまな要因が絡み合って変動することになる。平日か休日かといったカレンダー要因，天気や気温などの天候要因が重要だ。そのほか，ミッキーマウスの誕生日，ドナルドダックの誕生日といった記念日は通常の日よりも入園者が増える。

　東京ディズニーリゾートが最も混雑するのは，クリスマスシーズンでもゴールデンウィークでもなく，３月の最終週だ。卒業シーズンで中学生や高校生が団体で訪問するためだ（堀井，2007）。

　月曜日だから空いていると思って行ってみたら意外と混んでいた，という経験をしている人もいるだろう。土曜や日曜が運動会などの行事で，月曜日が代休だという場合は，生徒を中心に入園者が増える場合がある。

第9章　世界のディズニーランド（国際経済）

■この章のポイント■

　この章では，国際経済についてディズニーランドを使って説明する。まず，なぜ米国の次に日本にディズニーランドができたか，という問題を考える。ディズニーランドの入園料は高額なので，ある程度の所得のある国でないと経営が成り立たない。国の所得水準は1人当たりGDPで見当がつく。

　つぎに，ディズニーランドの入園料を使って為替レートの解説をする。ある国とほかの国との通貨の比率が為替レートである。為替レートはさまざまな要因で決まるが，金利差のほか政治的な力学も働く。

　中長期的には，為替レートは2国間の物価によって決まる。その意味を米国と日本のディズニーランドの入園料を比較することで考える。

　そのほか，ディズニーランドにとって重要なのは，外国人観光客だ。少子高齢化の進展をふまえると，海外からの観光客を増やすという戦略は常に選択肢となる。

　また，ロイヤルティも国際取引となる。ディズニーランドのアイデア自体は米国で生まれたものである。そのアイデアに対してオリエンタルランドはロイヤルティというかたちで対価を払っている。これは，ほかの企業にもいえることで，海外の技術を使う場合は対価を払い，自社でつくった技術を海外の企業が必要とすれば，技術を提供する代わりに対価を得る。

経済学の用語	世界のディズニーランド	三大マウンテン
・1人当たりGDP ・為替レート ・購買力平価 ・サービス貿易 ・訪日外国人	・アナハイム（カリフォルニア） ・オーランド（フロリダ） ・東京 ・パリ ・香港 ・上海	・スペース・マウンテン ・ビッグサンダー・マウンテン ・スプラッシュ・マウンテン

1　1人当たりGDP

　ディズニーランドはもともと米国ロサンゼルス近郊のアナハイムにできたものだが，その後各地に建設された。米国以外に最初にディズニーランドができ

たのは東京ディズニーランドである。のちに，パリ，香港にできている。コカ・コーラやマクドナルドと同じように米国発祥で世界中に広がっているものの1つだ。では，今後アフリカや南米にもディズニーランドができる可能性はあるだろうか。今のところむずかしいと考えられる。それは所得の問題だ。

ディズニーランドの入場料は高いため，所得の低い国では入園者数が確保できない。さまざまな商品が普及するにはその国の国民にある程度の所得が必要だ。たとえば，自動車が普及するには年間3000ドル（約30万円）の収入が必要といわれている。

国全体の豊かさを測るには，1人当たりGDPを使う。国内総生産（GDP）はその国でつくった生産物の合計だが，それを人口で割ると，1人が1年間に稼ぐ金額が出てくる。海外旅行に行く前に，その国の1人当たりGDPを調べていくとよい。1人当たりGDPをみれば，だいたいどのようなホテルがあって，街はどの程度整備されているかなどの豊かさが予想できる。

それでは，ディズニーランドがある国を中心に1人当たりGDPを比較してみよう。最も高いのは米国で5万ドルを超えている。次いで香港，日本，フランスである。香港は中国の一部だが，1997年に中国に返還されてから50年間は別々の経済体制が保障されており，統計なども別に発表されている。

中国の1人当たりGDPは8000ドル程度なので，かなり低い。しかし，上海

表9-1　1人当たりＧＤＰ（2016年）

国・地域	1人当たりGDP （市場価格，ドル）	1人当たりGDP （購買力平価，ドル）
米　国	57,467	57,467
香　港	43,681	58,553
日　本	38,894	41,470
フランス	36,855	41,466
ブラジル	8,650	15,128
中　国	8,123	15,535
タイ	5,908	16,916
ケニア	1,455	3,156

（出所）World Bank "World Development Indicator"

など中国の沿海部の都市は内陸部に比べて先進国並みに所得が高いことが知られている。

　中国を除けばディズニーランドのある国・地域の1人当たりGDPは4万ドル近い。これに比べると，ブラジル，タイ，ケニアなどの1人当たりGDPは小さく，ディズニーランドができるのはまだ先になりそうだ。

② 為替レートとは

　為替レートは，2つの通貨の比率を表す。対ドル円レートは，米国の通貨ドルと日本の通貨円の比率である。

　円相場は1ドル=360円の固定相場制が続いていたが，1970年のニクソンショックで円が切り上がり，1973年から変動相場制に移行した。日本の貿易黒字拡大が続いたため，プラザ合意で円高が容認され，その後円高傾向が続き，1990年以降は1ドル=100円内外で推移している（図9-1）。リーマンショック後は相対的な経済の安定性から円高が進んだ。しかし，2013年日本銀行が大胆な金融緩和に転じたことで，1ドル=100円を超える円安水準となり，現在

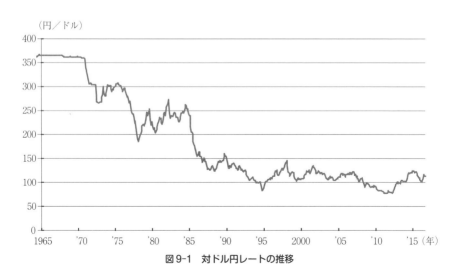

図9-1　対ドル円レートの推移

は1ドル =110円前後で推移している。

③ 購買力平価とは

　購買力平価は国どうしの通貨を比べる為替レートの1つで，2国の商品の値段の比率を計算するものだ。マクドナルドのビッグマックの値段から計算したビッグマック平価が有名だ。たとえば，日米の購買力平価を求める式は，［購買力平価＝日本の商品の価格（円表示）÷米国の商品の価格（ドル表示）］となる。

　ビッグマック平価は英エコノミスト誌が始めたもので，各国のビッグマックの値段から為替レートを計算するものだ。たとえば，米国のビッグマックが4ドルで日本のビッグマックが400円なら，購買力平価は400/4=100（円／ドル）となる。こうした平価を計算するには，品質を含めて同じ財を両国で比べることが重要である。ビッグマックが使われるのは，各国で品質が同じだと考えられるからだ。

　各国のGDPを比較する際にはドル表示で比べる場合のほか，購買力平価を用いて比較することも多い。同じ商品を買った場合，それぞれの国でどれだけ買えるかを表している。物価が安い国ほどGDPが高くなる。2016年の1人当たりGDPは，ドル表示でみると米国が1位だが，購買力平価で測ると香港のほうが高くなる（表9-1）。いっぽう，ドル表示の1人当たりGDPは日本のほうがフランスより高いが，購買力平価でみると同じ程度である。購買力平価のほうが国の豊かさを示す指標としてはすぐれている。

　ディズニーランドについては，日本と米国とでまったく同じものはないので，直接価格を比較するのは適当ではない。しかし，類似性の高いものはある。東京ディズニーランドとフロリダのディズニーワールドのマジック・キングダムである。アナハイムのディズニーランドのお城は眠れる森の美女城で，パリや香港も同じだが，東京ディズニーランドとマジック・キングダムは双方シンデレラ城である。そこで，東京ディズニーランドとマジック・キングダムの入園料から購買力平価（ディズニーランド平価）をつくってみた（表9-2）。

　東京ディズニーリゾートの入園料金はオリエンタルランドの「ファクトブッ

表9-2　ディズニーランド平価

年度	東京ディズニーランドパスポート (円) ①	ディズニー・ワールド・マジックキングダム・パスポート (ドル) ②	購買力平価 (①／②)	為替レート (円／ドル)
1983	3900	17	229	237
1984	4200	18	233	238
1985	4200	22	195	239
1986	4200	26	162	169
1987	4200	28	150	145
1988	4200	29	145	128
1989	4400	31	142	138
1990	4400	33	133	145
1991	4400	34	129	135
1992	4800	35	137	127
1993	4800	36	133	111
1994	4800	37	130	102
1995	4800	39	125	94
1996	5100	40	128	109
1997	5200	42	124	121
1998	5200	44	118	131
1999	5200	46	113	114
2000	5500	48	115	108
2001	5500	50	110	122
2002	5500	52	106	125
2003	5500	55	100	116
2004	5500	60	92	108
2005	5500	67	82	110
2006	5800	71	82	116
2007	5800	75	77	118
2008	5800	79	73	103
2009	5800	82	71	94
2010	5800	85	68	88
2011	6200	89	70	80
2012	6200	95	65	80
2013	6200	99	63	98
2014	6400	99	65	106
2015	6900	105	66	121
2016	7400	105	70	109
2017	7400	115	64	112

（出所）オリエンタルランド「ファクトブック」，Allears.net，日本銀行

ク」に，米国のディズニーパーク入園料金はディズニーランドの情報を集めた
ウェブサイトAllEars.Netに載っている。2016年の東京ディズニーランドの1
デーパスポートの値段は7400円で，ディズニーワールドのチケットは105ド
ルである。7400円を105ドルで割ればディズニーランド平価が計算できる。1
ドル=70円となり，実際の為替レートの1ドル=109円よりかなり円高だ。ディ
ズニーワールドのチケットを円換算（=105（ドル）×109（円／ドル））すると，1
万2516円となり，米国のディズニーランドがかなり割高であることがわかる。
市場のレートと購買力平価がかい離するとこのように内外価格差が生じること
になる。

　その原因は，米国がインフレ気味で，日本の物価はそれほど上がらなかった
ためだ。東京ディズニーランドのチケットは，値上がりはしているもののそれ
ほど上昇していないのに比べて，米国のチケット代は毎年上がっている。これ
を反映すると，購買力平価が円高傾向となる。しかし，現実の為替レートは最
近円安傾向で推移しており購買力平価との差が広がったままになっている（図
9-2）。

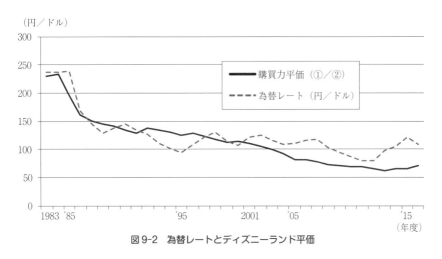

図9-2　為替レートとディズニーランド平価

4　サービス貿易

　東京ディズニーランドと輸出や輸入といった貿易は関係ないようにみえるが，ディズニーランドで売っているものは輸入品も多いため，貿易とは深い関係がある。とくにサービスの輸出入（サービス貿易）が重要だ。

　経済学では，生産物を財とサービスにわけて考える。財とは目に見えるもので自動車やコンピューター，野菜などである。サービスは目に見えないもので，ホテルのサービスや喫茶店のサービスなどが考えられる。東京ディズニーリゾートで提供するものもサービスである。

　東京ディズニーリゾートにとって重要なサービス貿易の1つは，旅行収支である。訪日外国人が日本で使ったお金と日本人が海外旅行で使ったお金との収支である。長い間，日本人旅行者の支払いのほうが多かったが，訪日外国人観光客の増加で2014年度以降は受け取りのほうが多くなっている（図9-3）。

　知的所有権の収支も重要だ。オリエンタルランドにとって重要なのは米ウォ

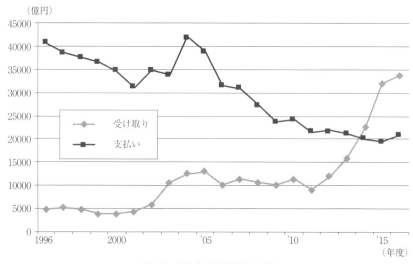

図9-3　日本人の旅行収支の推移

（出所）日本銀行『国際収支』

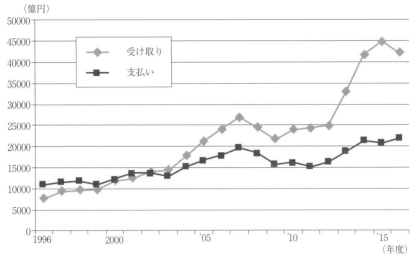

（億円）

図9-4　日本の知的所有権等収支の推移

（出所）図9-3と同じ

ルト・ディズニー社に支払っているロイヤルティだ。ミッキーマウスやドナル
ドダックを使うことの使用料で，売上高の約7%を支払っている。日本全体で
みると，知的所有権に関しては受け取りのほうが多いうえ，2013年度以降増
加している。著作権の受け取りが増えているわけではなく，自動車産業などの
海外子会社から親会社への送金が主なものである（図9-4）。

⑤ 訪日外国人の動向

　訪日外国人の増加は東京ディズニーリゾートにも影響を与えている。訪日外
国人は2011年度東日本大震災の影響で減少したが，その後は急速に増加して
いる。とくに，2013年度は円安の影響もあって1000万人を超えた。同年度は
台湾，香港，タイなどの伸び率が高く，アジアからの入国者が増えた。

　訪日外国人が増えると，それに比例して東京ディズニーリゾートの入園者が
増えていて，2010年度までは入国者のほぼ10%が東京ディズニーリゾートに

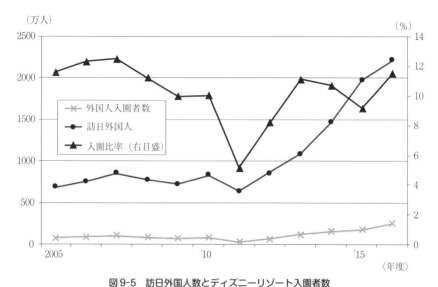

図9-5 訪日外国人数とディズニーリゾート入園者数

（出所）オリエンタルランド「ファクトブック」，「日本政府観光局（JNTO）」

行く計算だった（図9-5）。2011年度には東日本大震災の影響で大幅に比率が落ちたが，2012年度からは再び10%前後の数値で落ち着いている。

6　世界のディズニーランド

　世界にはディズニーランドが6つある。米国のカリフォルニア州ロサンゼルス近郊のアナハイム，フロリダ州，日本の千葉県浦安市，フランスのマルヌ・ラ・ヴァレ，中国の香港と上海である。そのほかディズニー関係の施設としてクルーズ船やホテルがある。

　元祖ディズニーランドは，ウォルト・ディズニーが1955年にカリフォルニア州アナハイムにつくったものである。1971年フロリダにディズニーワールドが建設された。1983年に開園した東京ディズニーランドは世界で3番目のディズニー関連テーマパークである。

　「ディズニーランド・パリ」は，まず「ユーロ・ディズニー」という名前で

パリ郊外のマルヌ・ラ・ヴァレに 1992 年 4 月に開園した。開園当初は入園者数が多く 4〜12 月で 700 万人以上が訪れた。しかし，その後は景気後退やトラブルで収入が伸ばせなかった。予想よりも長期滞在客が少なかった。当時の米ウォルト・ディズニー社 CEO だったアイズナーは「米国に比べて中間層が少なく，お金を使ってくれない」ことが原因だとした（アイズナー，2000）。

　債務が大きく膨らんで，経営の危機に陥ったが，サウジアラビアのアル・ワリード・アブドルアジズ王子が 2 億 4799 万ドルの債権を引きうけたため，閉園の危機は免れた（有馬，2009）。

　その後，1994 年 10 月 1 日から名前を「ディズニーランド・パリ」とし，料金を下げたところ，入園者数がある程度回復した。ユーロという言葉には商業的な印象が強かったことと，「ディズニー」ではなく「ディズニーランド」としたことで印象が変化した。しかし，その後も入園数の低迷は続いており，TEA/AECOM のグローバル・アトラクション入園者数報告によると，2016 年の入園者数は 840 万人である。

　香港ディズニーランドは，東京に次いでアジアにつくられたディズニーランドである。2005 年開園した。当初はアトラクション数が少なかったが，「グリズリーガウチ」や「トイ・ストーリーランド」などエリアを拡張している。ホテルは現在 3 つある。しかし，入園者数は相対的に少なく，経営的には苦戦している。2016 年の入園者数は 2 年連続減少して 610 万人（TEA/AECOM 調べ）だった。東京ディズニーランドに比較するとかなり空いているので，人気アトラクションでも待ち時間は短い。

　2017 年 3 月期のオリエンタルランドのテーマパーク部門の売上高は 3942 億円だった。この金額は，世界のディズニーランドに比べてどの程度の大きさだろうか。

　東京以外のディズニーランドを運営しているのは，米ウォルト・ディズニー社だ。その有価証券報告書は，日本語でも入手できる。

　パーク・アンド・リゾート部門の売上高は，米国内，米国外という分類で載っている。2016 年度（2016 年 10 月 1 日に終わる 1 年）は米国内が 142 億 4200 万ド

表9-3　世界のディズニーランド

	ディズニーランド・リゾート	ウォルト・ディズニー・ワールド・リゾート	東京ディズニーリゾート	ディズニーランド・リゾート・パリ	香港ディズニーリゾート	上海ディズニーリゾート
開　園	1955	1971	1983	1992	2005	2016
国	米　国	米　国	日　本	フランス	中　国	中　国
場　所	カリフォルニア州アナハイム	フロリダ州オーランド	千葉県浦安市	マルヌ・ラ・ヴァレ	香港ランタオ島	上海市浦東新区
所　有	ウォルト・ディズニー・カンパニー（WDC）	WDC	オリエンタルランド	フランス政府，WDC，サウジアラビアのアル・ワリード王子	香港特別行政区政府とWDC	
運営主体	WDC	WDC	オリエンタルランド	WDC	WDC	
テーマパーク	ディズニーランド(1955) ディズニー・カリフォルニア・アドベンチャー(2001)	マジック・キングダム エプコットディズニー・ハリウッド・スタジオディズニー・アニマル・キングダム ディズニー・タイフーン・ラグーンディズニー・ブリザード・ビーチ	東京ディズニーランド(1983) 東京ディズニーシー(2001)	ディズニーランド・パリ(1992) ウォルト・ディズニー・スタジオ・パーク(2002)	香港ディズニーランド	

ル，米国外は27億3200万ドルだ。1ドル＝110円で換算すると，米国内での売上高は，日本よりもかなり大きいが，米国外にあたるパリ，香港，上海（2016年6月開園）を合わせた売上高は日本より小さい。パリには2つのテーマパークがあることを考えると，東京ディズニーリゾートの売上高はかなり大きいといえる（表9-4）。

表9-4　ディズニー・テーマパークの売上高

	ドル建て（億ドル）	円建て（億円）
米国内（フロリダ・カリフォルニア）	142.42	15666
米国外（パリ，香港，上海）	27.32	3005
日本（東京ディズニーランド，東京ディズニーシー）		3942

（出所）オリエンタルランド「ファクトブック」2016，The Walt Disney Company "2016Anual Report",
　　　1ドル＝110円で換算。オリエンタルランドは2017年3月期，米ウォルトディズニー社は2016
　　　年10月期

7　世界の三大マウンテン

　「スペース・マウンテン」「ビッグサンダー・マウンテン」「スプラッシュ・マウンテン」は，東京ディズニーランドでは「三大マウンテン」と呼ばれ，人気のアトラクションである。これらは，米国のディズニーランドですでに存在するものを輸入したものだ。世界のディズニーランドへの「普及率」を考えると，どのディズニーランドにもあるのが，「スペース・マウンテン」で，これが定番のジェットコースター系アトラクションということになる。「ビッグサンダー・マウンテン」は香港に建設されず，「スプラッシュ・マウンテン」は，パリ，香港に建設されなかった。最初につくられた場所をみると，「スペース・マウンテン」はフロリダで，残りの2つはアナハイムである。米国で開発されて，世界に広がるというパターンが形成されている。

　「スペース・マウンテン」が最初にできたのは，フロリダのマジック・キングダムだ。その後，アナハイムに建設され，東京ディズニーランドには開園当初からあった。ディズニーランド・パリ，香港ディズニーランドにも開園当初からあり，最も定番の乗り物といえる。ただ，ディズニーランド・パリの「スペース・マウンテン」は，外観がかなりちがう。パリ以外の外観は白を基調としているが，ディズニーランド・パリは，茶色を基調にした外観で，イメージがちがう。

　「スペース・マウンテン」は，1975年にオープンして以来人気が衰えない長寿のアトラクションだ。もっとも，ウォルト・ディズニーはスペース・マウン

テン建設に反対だった。ストーリーがなくスリルのある乗り物はディズニーラ
ンドに置くべきでないと考えており，ウォルト存命中に「スペース・マウンテ
ン」は実現しなかった。ウォルト・ディズニーの死後，フロリダにマジック・
キングダムをつくるときにイマジニアの強い要望で実現された（有馬，2011）。「ビ
ッグサンダー・マウンテン」は，アナハイムにできたあと，フロリダ，東京，
パリにつくられた。アナハイムに最初に登場してから約8年後に東京ディズニ
ーランドに建設された。「スペース・マウンテン」と同じく，最初フロリダに
建設される予定だったが，建設費が非常に高くなることが予想されて実現が見
送られていた。構想自体は「スペース・マウンテン」より早くからあった（有馬，
2011）。「スプラッシュ・マウンテン」は3つのなかでは最も新しい。1989年に
アナハイムにできたあと，東京とフロリダでほぼ同時にオープンした。アナハ
イムオープンから約3年後である。

　ディズニーランド・パリには「スプラッシュ・マウンテン」がなく，香港ディ
ズニーランドには「ビッグサンダー・マウンテン」「スプラッシュ・マウン
テン」がない。香港ディズニーランドには三大マウンテンのうち，「スペース・
マウンテン」1つしかない。ただ，香港ディズニーランドには「ビッグ・グリ
ズリー・マウンテン」という「ビッグサンダー・マウンテン」を進化させたア
トラクションがある。雰囲気は「ビッグサンダー・マウンテン」に近いが，途
中で進行方向と逆に動き出したり，急発進したりするアトラクションである。

表9-5　三大マウンテンのできた時期

開始日	東京ディズニーランド	ディズニーランド(アナハイム)	マジックキングダム(フロリダ)	ディズニーランドパリ	香港ディズニーランド
スペース・マウンテン	1983.4.15	1977.5. 4	1975.1.15	1995.6. 1	2005.9.12
ビッグサンダー・マウンテン	1987.7. 4	1979.9. 2	1980.9.23	1992.4.12	—
スプラッシュ・マウンテン	1992.10.1	1989.7.17	1992.7.12	—	—

⑧ ウォルト・ディズニー・カンパニー

　ザ・ウォルト・ディズニー・カンパニー（米ウォルト・ディズニー社）は，東京ディズニーリゾートを除く世界のディズニーパークの運営企業で，米国カリフォルニア州に本社がある。オリエンタルランドとちがい，業容は多岐にわたる。テーマパーク部門での売上高は約3割程度で，テーマパーク部門が大半を占めるオリエンタルランドとは経営環境がちがう。

- ■メディア・ネットワーク部門：TV放送局 ABC（三大ネットワークの1つ），スポーツ専門チャンネル ESPN。
- ■パーク・アンド・リゾート部門：カリフォルニア，フロリダ，パリ，香港，上海
- ■スタジオ・エンターテイメント部門：映画の配給・販売・配信，テレビ番組放映権など
- ■コンシューマ・プロダクツ部門：ライセンス・出版・ディズニーストア
- ■インタラクティブ・メディア部門：ゲームなど

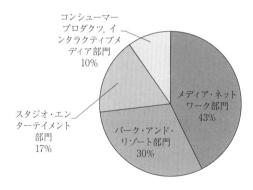

図9-6　2016年度の売上高

（出所）The Wald Dsney Company "Fiscal Year 2016 Annual Financial Report"

コラム　トムソーヤ島とミズーリ州

　ディズニーランドは米国のさまざまな部分を寄せ集めてできている。カリブの海賊は南部のニューオリンズが舞台で，スプラッシュ・マウンテンは，同じく南部のジョージア州が舞台である。トムソーヤ島は，ミズーリ州の雰囲気を再現している。ビッグサンダー・マウンテンはアリゾナ州のモニュメントバレーの雰囲気である。

　ミズーリ州は，シカゴに比較的近い内陸の州である。内陸といっても，ミシシッピ川が通っている。この川のおかげで南部のニューオリンズまで船で行ける。その象徴が外輪船で，東京ディズニーランドにある「蒸気船マークトウェイン号」がそれを再現している。外輪船は，当時の花形輸送機関だった。ミッキーマウスのデビュー作「蒸気船ウィリー」にも外輪船が登場する。

　ミズーリ州マーセリンはウォルト・ディズニーが少年時代を過ごした街である。また，マークトウェイン『トムソーヤーの冒険』の舞台は同州のハンニバルだといわれている。

　つまり，ディズニーランドの一部は，ウォルト・ディズニーやマークトウェインの少年時代の思い出がいっぱい詰まった場所を再現していることになる。

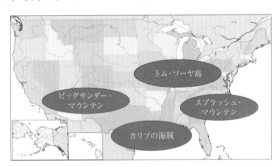

図9-7　米国とアトラクションなどの対応

コラム　為替レートで変わるチケットの割安感

　香港ディズニーランドは，世界で5番目にできたディズニーランドだ。香港ディズニーランドの料金と東京ディズニーランドの料金を比べると，為替レートの影響が理解できる。

　香港の通貨は香港ドルで，2005年の開園当初の1デーパスポートは350香港ドルだった。円建てにすると5007円で，当時の東京ディズニーランドの1デーパスポートの値段5500円と比較的近かった。その後，香港ディズニーランドのパスポート料金はしばらく変わらなかったが，円高が進んだため，香港ディズニーランドの割安感が高まった。2011年7月には円換算で3564円となった。

　2011年8月に値上げして以降，香港ディズニーランドは毎年のように値上げしている。2017年5月時点の香港ディズニーランドの1デーパスポートは589香港ドルで，対円香港ドルレートが1香港ドル＝14円なので，円換算では，8355円である。2011年頃の割安感はなくなり，日本のチケット代金（7400円）より高くなっている。

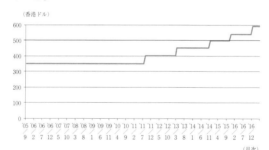

図9-8　香港ディズニーランドの1デーパスポート料金

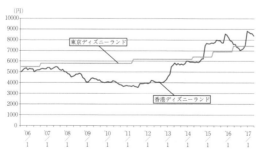

図9-9　香港ディズニーランド1デーパスポートの値段（円換算）

■この章のポイント■

　企業の活動を把握するのに重要なのが会計学だ。企業の活動を数字として整理する。東京ディズニーリゾートの秘密も数字を通して解明できるものがある。

　損益計算書では売上高や経常利益が把握できる。入園者1人当たりの売上高や利益の四半期パターンなどを分析する。

　有価証券報告書を利用すると，役員報酬やロイヤルティについても分析できる。

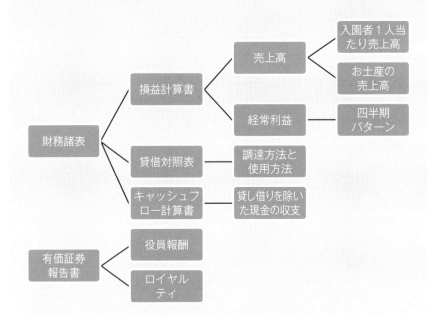

1　企業の成績表

　学生は大変だ。学期ごとに成績表を渡される。成績はA，B，Cなどの場合もあれば点数の場合もある。試験，レポート，授業への参加の程度などのウエートは先生によってちがうが，事前に公表された評価基準によって成績が決まる。

企業の成績表に当たるものが財務諸表だ。さまざまな表や数字があるのは，企業活動を多面的に捉えるためだ。多面的に捉える必要があるのは，企業によって稼ぎ方がちがうためだ。個人にたとえると，稼ぎ方のちがいである。同じ年収1000万円でも一生懸命残業をしてこつこつ稼ぐ場合もあれば，保有しているマンションの家賃収入で1000万円が手に入る場合もある。宝くじで1000万円当たる場合もあるだろう。これらを単に「年収1000万円」として一括りにできない。どういう経緯で1000万円稼いだかの説明が必要だ。

　企業も同様に，どのようにしてその利益を得たのかを説明する必要があり，その根拠となるのが財務諸表である。

② まずは経常利益

　財務諸表は企業活動を多面的に表すが，端的に企業業績を知りたい場合もある。その際最も重要なのは損益計算書だ。損益計算書はある期間にその企業がどれだけ儲けたかを表している。経済学的には，売上高から費用を差し引いたものが利益となるが実際にはさまざまな「利益」がある。

　新聞紙面をみると企業によって，営業利益が見出しになったり，経常利益が見出しになったりしている。これらにはちがいがあるが，最も重視されるのは経常利益である。その年の特殊な状況を除いた，企業が通常稼げる金額を示しているためだ。

　「営業利益」は本業の利益だ。たとえば車の製造，食品の製造，ホテルの営業など企業本来の業務で稼いだお金である。これが利益の基本であることはまちがいない。

　ただ，同じ給料のサラリーマンでも，本業の収入だけの人と不動産収入がある人では収入にちがいが出る。企業も同じだ。本業の利益だけの企業もあれば，本業以外で利益をあげる企業もある。そこで，本業以外の利益も合わせて，反復的に得られる利益を表したのが，「経常利益」である。最も重要な利益といっても過言ではない。

　「純利益」は，その年の実際の利益を表す。ただ，実際の利益がその会社の

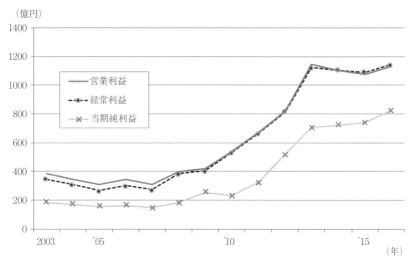

（億円）

図10-1　オリエンタルランドの利益指標

（出所）オリエンタルランドウェブページ

実力を表さない場合も多い。学生にたとえれば，試験前に高熱が出て試験対策ができなかった場合だ。成績は悪いかもしれないが，本来の実力はもっと上のはずだ。現実の利益も大事だが，本来の実力をみるという意味では純利益よりも経常利益のほうがよいだろう。

　オリエンタルランドの利益をみてみると，営業利益と経常利益はほぼ重なっている。営業外収益や費用が少ないことを示している。当期利益は経常利益から税金が差し引かれている分，少なくなっている。特別利益や特別損失がある時は動きが異なる。たとえば，2010年度（2011年3月期）は，東日本大震災の影響で特別損失が150億円計上されたため，経常利益は増加しているが，当期純利益は減少した。

③ 1人当たりでみる

　2016年度のオリエンタルランドの売上高は4777億円で，当期純利益は824億円である。大きな数字だとはわかっても，億円単位だと実感がわきにくいので，売上高などを入園者数で割って1人当たりの数値をみてみよう。

　東京ディズニーランド，東京ディズニーシーでは1人当たり平均約1万3139円使っている。2016年度の1デーパスポートは7400円だが，平均チケット売上高は約6078円だ。子ども料金（小人・中人）など各種の割引があるため，大人1人分の値段より低くなっている。おみやげ代には約5000円，レストラン

表10-1　1人当たり利益（2016年度）

	総額（億円）	ゲスト1人当たり（円）
テーマパーク事業	3,942	13,139
アトラクション・ショー収入	1,824	6,078
商品販売収入	1,385	4,615
飲食販売収入	678	2,260
その他の収入	56	186
ホテル事業	661	2,205
東京ディズニーランドホテル	179	596
東京ディズニーシー・ホテルミラコスタ	189	630
ディズニーアンバサダーホテル	139	462
その他	155	517
その他の事業	174	580
イクスピアリ事業	88	293
シアトリカル事業	-	-
モノレール事業	45	149
その他	41	137
売上高合計	4777	15923
売上原価	2995	9983
売上総利益	1782	5939
販売費および一般管理費	651	2168
営業利益	1132	3771
経常利益	1146	3820
当期純利益	824	2745

（注）2016年度の来園者数は3000万人
（出所）オリエンタルランド「有価証券報告書」

には約2000円使っている。ホテル事業のその他には，開業したセレブレーションホテルの売り上げが入っている。シアトリカル事業は劇場事業のことで，「シルク・ドゥ・ソレイユ　シアター東京」を2011年末に廃止して以降，数字は計上されていない。シルク・ドゥ・ソレイユはカナダのエンターテイメント企業で，それまでは常時公演していた。

　これらの売り上げを足すと，入園者1人当たりの売上高が出る。そこから原材料など直接的な費用である売上原価と人事や経理など企業全体の運営に関わる間接的な費用である，販売費および一般管理費を差し引くと，営業利益となる。入園者1人当たり営業利益は3771円で，1人が東京ディズニーリゾートに行くとオリエンタルランドは約4000円儲かるという計算になる。

　つぎに，オリエンタルランドが発表しているゲスト1人当たり売上高の時系列的な変化をみてみよう（図10-2）。東京ディズニーリゾートの強みは，チケットだけでなく，おみやげ（商品収入）やレストラン（飲食販売収入）の収入も多いところである。2008年度におみやげ代が増えているのは，熊のぬいぐるみダ

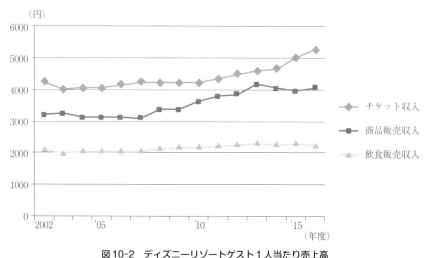

図10-2　ディズニーリゾートゲスト1人当たり売上高
（出典）オリエンタルランド「ファクトブック」

ッフィーの人気が出たためだ。2009年度にはシェリーメイが販売され，その後も30周年記念グッズの販売などがあり，販売増が定着している。

　チケット収入が増えているのは，値上げの影響が大きい。2014年4月以降3年連続で値上げした。飲食販売収入は，ほかに比べると伸びが低くほぼ横ばいだ。

④　ディズニーランドの驚異的販売額

　ディズニーストア全国約50店舗計の売上高と東京ディズニーリゾート内のおみやげ屋の売上高は，どちらがどれだけ多いだろうか。オリエンタルランドがディズニーストアを米ウォルト・ディズニー社に売却するまでは，両者を比較できる。

　2010年3月期のオリエンタルランドの有価証券報告書をみると，2009年度のディズニーストアの売上高が157億円に対し，東京ディズニーリゾート内の物品販売収入は1004億円だ。ディズニーランドとディズニーシーのおみやげ屋の売上高は，日本全国のディズニーストアの売り上げの6.4倍だ。

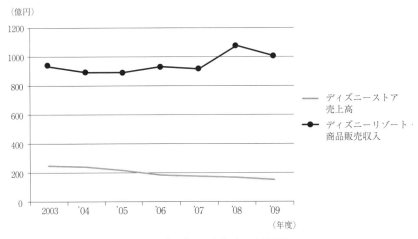

図10-3　ディズニーリゾートの商品収入

（出所）オリエンタルランド「有価証券報告書」セグメント別売上高

たしかに，東京ディズニーリゾートのお店は午後になるとどこも混んでいる。自分の記念のために買う人もいれば，友だちに買っていく人もいる。これに比べると，ディズニーストアはお客さんが少ないし，お客さんが入っていても買っていく人は少ないということだろう。東京ディズニーランドや東京ディズニーシーは，テーマパークであると同時に巨大な小売店舗にもなっている。

⑤ 1-3月と4-6月期がカギ

オリエンタルランドの集客力には明らかな季節性がある。一番儲かるのは10-12月期（4期）だ。クリスマス人気で集客力が最も高まる。次が，夏休みがありハロウィーンが始まる7-9月期（3期）だ。逆にいえば，1-3月期（1期），4-6月期（2期）は儲からない（図10-4）。

とくに1-3月期は，以前は赤字になっていたことも多かった。4-6月期に関しては，集客力が増している。2010年の4-6月期の営業利益が4-6月期としては過去最高となり，7-9月期と肩を並べるほどの利益が計上された。ダッフィー人気があったことや，「ディズニー・イースターワンダーランド」が好評だ

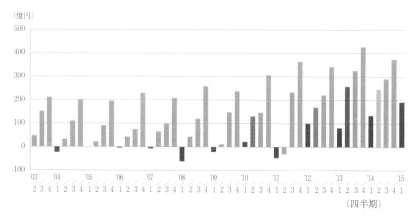

図10-4　オリエンタルランド四半期別営業利益
（出所）オリエンタルランド「四半期決算報告」

ったためとされる。2011年は震災の影響で，入園者は激減したが，2012年以降は，4-6月期も利益が期待できる期となっている。イースターイベントが定着したことが大きい。

　1-3月期は閑散期である。正月やバレンタインデーがあるが，それぞれイベント期間は長くない。しかし，2012年1-3月期以降は営業利益の黒字が定着した。経費の削減で少ない入園者数でも黒字がでる財務体質になったほか，最近では「アナと雪の女王」のイベントなどで，1-3月期の集客も増えているからである。入園者の季節性はあるが，通年で利益が出せる体制となっている。

6　貸借対照表

　貸借対照表は，ある時点での資産や負債の状況を示している。表は2列になっていて，左側がお金の調達法，右側がお金の使い方を示している。

　経済データは，フローとストックに分けられる。フローのデータはある期間の活動量を記録したもので，ストックのデータはある時点で存在している量を表す。1分間に蛇口から出る水の量はフロー，バケツにたまった水の量はストックである。損益計算書はフローのデータ，貸借対照表はストックのデータを表している。

　オリエンタルランドは儲かっている企業なので，借金はないと思うかもしれない。しかし，ディズニーランドホテルを建てるには，400億円ものお金がかかる。すべてを現金でもっているわけではない。

　株式会社は，株を発行して資金を調達することができる。こちらは，紙切れを発行するだけでお金が調達でき，しかも利子は付かない。儲かった場合は配当というかたちで株主に還元する必要はあるが，損失が出た場合は配当しなくてもよい。ただ，株価の変動に左右されるため，不確実性は大きい。

7　キャッシュフロー計算書

　キャッシュフロー計算書は，ある企業に現金がどの程度あるかを示している。損益計算書上では利益がある旨が記載されていても，実際には倒産してしまう

場合があるためだ。たとえば、「150万円の売上はあるが，手元に現金がなく，先方からの支払いが2カ月後」の場合である。今月別の取引先に100万円分の支払いをする必要があるとすると，当面は100万円分の現金が必要で，手元になければ借金しなければならない。借金できなければ，倒産してしまうことになる。

　現金といっても，その企業にお札や硬貨が置いてあるわけではない。当座預金など銀行からすぐに引き出せるものは現金として考える。キャッシュフロー計算書によれば，2017年3月のオリエンタルランドのキャッシュは1400億円程度である。

⑧ 役員報酬

　有価証券報告書から役員報酬を知ることもできる。報酬の総額と役員数が載っているので，1人当たり収入が計算できる。取締役は平均年収4613万円，監査役は3000万円，社外役員は1340万円である。

　従業員の状況も載っている。2017年3月末で従業員数は3146人，平均年齢は41.5歳，平均勤続年数は16.3歳である。平均年間給与は653万円で役員報酬に比べると少ないが，全国平均に比れば恵まれている。国税庁の2015年分『民間給与実態統計調査』（2016年9月発表）によれば，正社員の平均給与は485万円だ。

　オリエンタルランドの従業員数が前年度末に比べて910人増えているのは，2016年4月から契約社員を正社員とするとした人事制度改革を反映している（第

表10-2　役員報酬

（単位：万円）

	報酬等の総額	1人当たり報酬 （単純平均）
取締役（11名）	42,800	3,891
監査役（1名）	2,700	2,700
社外役員（4名）	4,500	1,125

（出所）オリエンタルランド 2011年3月期「有価証券報告書」

4章6節参照)。

⑨ ロイヤルティは売上高の約7%

オリエンタルランドは米ウォルト・ディズニー社のノウハウを使う代わりに，ロイヤルティを払っている。ロイヤルティとは，著作権，商標権などへの対価を意味する。

東京ディズニーランドが米ウォルト・ディズニー社に払っているロイヤルティは，アトラクション・ショー収入の10%，商品販売収入・飲食販売収入の5%とされている（決定に関する詳しい経緯は第2章6節参照）。

オリエンタルランドの有価証券報告書の単体損益計算書を使って，それを確認してみた。有価証券報告書には，アトラクション・ショー収入，商品販売収入，飲食販売収入に分けた売上高が載っており，ロイヤルティの総額も載っている。2016年度の数値でロイヤルティを計算してみよう。アトラクション・ショー収入1829億円の10%，商品販売収入1385億円，飲食販売収入678億円の5%を加えると，286億円となる。有価証券報告書に記載されているロイヤルティの額は280億円なので，比較的近い値となった。ほかの年度に関しても，

表10-3　ロイヤルティの計算

(億円)

年　度	2012	2013	2014	2015	2016
売上計	3,413	4,025	3,992	3,963	4,065
アトラクション・ショー収入	1,442	1,662	1,701	1,761	1,829
商品販売収入	1,201	1,484	1,424	1,346	1,385
飲食販売収入	622	718	708	691	678
その他の収入	148	161	159	165	174
営業利益	708	992	981	940	982
ロイヤルティ	229	271	271	272	270
売上高に占める比率 (%)	6.7	6.7	6.8	6.9	6.6
ロイヤルティの営業利益に占める比率 (%)	32.4	27.3	27.6	29.0	27.5
ロイヤルティ試算	235	276	277	278	286

(注)　オリエンタルランド「単体損益計算書」から計算。ロイヤルティ試算は、ロイヤルティをアトラクション・ショー収入の10%、商品販売、飲食販売収入の5％として計算。

表10-3で確認できる。

　ロイヤルティは売上高の約7%，営業利益の3割近い水準となる。決して小さな額ではないが，それに見合う利益をオリエンタルランドは享受しているといえる。

コラム　ディズニーストアの盛衰

　ディズニーストアは，ディズニーグッズを売る小売店で全国展開されている。東京ディズニーリゾートのチケットも買うことができる。米ウォルト・ディズニー社直営で，1992年横浜市本牧に1号店ができた。2002年4月からオリエンタルランドの子会社となったが，業績は振るわなかった。2003年度の経常利益は40億円だったが，その後年を追うごとに利益が減っていき，2006年度には赤字になった。

　2010年4月，オリエンタルランドが手放すかたちでディズニーストアは米ウォルト・ディズニー社へと帰ってきた。

　ディズニーランドは，「ミッキーマウス」というブランドがあるから成功したといわれるが，ディズニーストアについても，ほかの小売店に比べるとブランド面では有利なはずである。それが苦戦していた理由が何かを探ることは経営戦略上重要な課題となる。

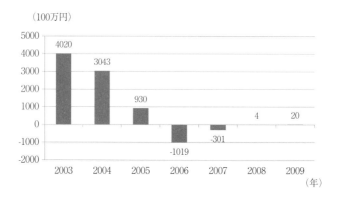

図10-4　ディズニーストアの経常利益

（出所）オリエンタルランド「有価証券報告書」

ディズニーランドと住所

　東京ディズニーランドが千葉県にあることはよく知られている。国際的に知名度が高い東京のほうが，千葉よりわかりやすいため「千葉ディズニーランド」ではなく，「東京ディズニーランド」になったのだろう。世界のディズニーランドについても必ずしも所在地と名称が一致しているわけではない。住所でそれを調べてみよう。

■カリフォルニア・ディズニーリゾート
　＜カリフォルニア州オレンジ郡アナハイム＞
　　元祖ディズニーランドは，ロサンゼルスの南東45kmにある人口35万1000人（2016年，米国センサス局）の都市アナハイムにある。ロサンゼルスから車で行けば1時間程度のところだ。

■フロリダ・ウォルト・ディズニー・ワールド・リゾート
　＜フロリダ州オレンジ郡オーランド＞
　　ディズニーワールドのあるフロリダ州のオーランド市は，人口は27万7000人（2016年，米国センサス局）のフロリダ州第3の都市で，ユニバーサル・スタジオなどさまざまなテーマパークが集積しているリゾート地である。

■ディズニーランド・パリ＜マルヌ＝ラ＝ヴァレ＞
　　フランスは22の地域圏に分割され，パリを中心とした地域圏はイル＝ド＝フランス（フランスの島）と呼ばれる。ディズニーランド・パリはこの地域のなかで，マルヌ＝ラ＝ヴァレ（3県にまたがっている行政地域）にある。属する県は，パリ県ではなく，セーヌ＝エ＝マルヌ（セーヌ川とマルヌ川）県で，シェシーというコミューン（日本の市町村に類似）に属している。マルヌ＝ラ＝ヴァレ＝シェシー駅がディズニーランド・パリの最寄り駅となっている。

■香港ディズニーランド＜ランタオ島＞
　　香港ディズニーランドのあるランタオ島は空港がある島で，空港からは近いが，ヴィクトリアピークなど香港の観光名所とは離れている。しかし，香港自体が大きいわけではないので，香港中心部からディズニーランドまで電車で行けば約30分で着くことができる。

■上海ディズニーランド＜上海市浦東新区川沙新鎮＞
　　上海ディズニーランドは，上海市にある16の区のうちの1つである浦東（プートン）新区の川沙新鎮にある。最も海沿いにある区で，上海万博が開催された場所でもある。

第11章 テーマパークの戦略（企業戦略）

■この章のポイント■

東京ディズニーリゾートを含め，テーマパークはそれぞれの長所を生かすべく，さまざまな戦略をとっている。顧客層を子どもにするのか大人にするのか，どの分野で収益をあげようとするのか，何を削って何に力を入れるのかなどさまざまな戦略を立てている。本章では，どのような戦略があり，どのような結果を生んでいるのかを考えてみたい。

テーマパークの戦略のまとめ

	ターゲット	テーマ	コスト削減法
東京ディズニーランド	子ども	ディズニー・キャラクター	キャストの人件費
東京ディズニーシー	大人→子ども	ディズニー・キャラクター	キャストの人件費
ユニバーサル・スタジオ・ジャパン	大人→子ども	映画→映画以外のキャラクターにも拡大	アトラクションのリニューアルで効果
ハウステンボス	大人→子ども	オランダ→拡大	無料エリア開放
スパリゾートハワイアンズ	大人，子ども	温泉	
サンリオピューロランド	子ども	サンリオキャラクター	ライセンスビジネス

1　経営戦略とは

経済学は，家計，企業や政府の行動を分析する。第7章では経済学のアプローチによる企業の分析を取り扱った。企業活動をできるだけ抽象化して，企業が利益を最大化することを前提に，生産量の決まり方を考えた。

しかし，現実の社会をみると一企業の分析だけでは答えが出ないものがある。同じ製造業でも，なぜ自動車産業と繊維産業とでは生産量がちがうのか，成長する産業と衰退する産業があるのはなぜかなどである。なぜ産業ごとのちがいが生まれるのかを考えるのが，産業組織論という経済学の一分野である。

さらに，同一産業内の企業のなかでも優位にたつ企業と不利になる企業がある。売上高や生産量の分析では企業ごとの特徴はわからない。そこに関わって

くるのが企業の「戦略」である。戦略とは，中長期的な視点でその企業の目標を考えることであり，企業が成功するか否かのポイントである。

　企業戦略論で著名なマイケル・ポーターは，重要な競争戦略として，①プライス・リーダーシップ戦略，②差別化戦略，③集中化戦略の3つをあげた。

　①プライス・リーダーシップは，最も競争力のある企業が自身の戦略に合わせて価格を決める戦略である。指導的な企業が低めに価格を決定すると，それより高い価格で販売しようとしても割高になって売れないことが予想され，プライスリーダーが決めた価格に従わざるをえなくなる。②差別化戦略は，他社と差別化して，上記のプライスリーダーの傘下に陥らないようにする戦略である。③集中化戦略は，規模の小さな企業がとる戦略で，顧客や市場を絞って，その市場内で勝負をする戦略だ。

　テーマパーク産業を考えると，最も大きなシェアをもつのは，東京ディズニーリゾートで，これに比べればほかのテーマパークの規模は小さい。プライス・リーダーシップ戦略は，プライスリーダーが価格を決定し，ほかの競争相手はそれに従うことが前提だ。たしかに，ユニバーサル・スタジオ・ジャパンは開園当初，東京ディズニーリゾートの1デーパスポートと同じ値段で価格づけをした。

　しかし，ユニバーサル・スタジオ・ジャパンは，東京ディズニーリゾートと同等以上の魅力あるアトラクションを揃えていくことで差別化戦略を進めた。価格に関しても，東京ディズニーリゾートに先行して値上げをするようになっ

表11-1　3つの経営戦略

	低い価格をつけることでリーダーシップをとる **①プライスリーダーシップ戦略**	ほかの製品にない魅力をつける **②差別化戦略**
市場全体	東京ディズニーリゾート	ユニバーサル・スタジオ・ジャパン ハウステンボス
特定の市場 **③集中化戦略**	スパリゾート・ハワイアンズ レゴランド 富士急ハイランド	

表11-2　東京ディズニーリゾートとユニバーサル・スタジオ・ジャパンのパスの比較

単位：円	東京ディズニーランド 1デーパスポート	ユニバーサル・スタジオ・ジャパン 1デイ・スタジオ・パス
2000 年 4 月	5500	
2001 年 3 月	↓	5500
2006 年 7 月	↓	5800
9 月	5800	↓
2010 年 8 月	↓	6100
2011 年 2 月	↓	6200
4 月	6200	↓
2012 年 4 月	↓	6400
2013 年 1 月	↓	6600
2014 年 1 月	↓	6790
4 月	6400	6980
2015 年 1 月	↓	7200
4 月	6900	↓
2016 年 2 月	↓	7400
4 月	7400	7400
2017 年 2 月	↓	7600

た。ハウステンボスも，エイチ・アイ・エスが経営するようになってから，ほかのテーマパークにない魅力を打ち出すようになった。

　東京ディズニーリゾートはプライスリーダーで，ユニバーサル・スタジオ・ジャパン，ハウステンボスなどの大規模テーマパークは差別化戦略，それより小さいテーマパークは資源を集中した集中化戦略をとっているといえるだろう。

② ユニバーサル・スタジオ・ジャパンの戦略

　ユニバーサル・スタジオ・ジャパン（略称：USJ）は，入園者数の面で東京ディズニーリゾートに次ぐテーマパークである。大阪市此花区にあり，2001 年 3 月 31 日に開園した。ユニバーサル・スタジオは米国にある映画会社で，同社が映画をテーマにしたテーマパークをつくった。それがユニバーサル・スタジオ・ハリウッドである。1915 年に開始されたユニバーサル撮影所の一般公開がその原型である。1964 年にユニバーサル・スタジオ・ハリウッドが完成し，

表11-3　世界のユニバーサル・スタジオ

名　称	所在地	開園年
ユニバーサル・スタジオ・ハリウッド	ロサンゼルス	1964
ユニバーサル・スタジオ・フロリダ	オーランド	1990
ユニバーサル・スタジオ・ジャパン (USJ)	大阪	2001
ユニバーサル・スタジオ・シンガポール	シンガポール	2010

(出所) ユニバーサル・スタジオ・ウェブページ http://www.universalstudios.com/

その後，世界各地にテーマパークとしてのユニバーサル・スタジオが建設された。現在は米国カリフォルニア州のロサンゼルス，フロリダ州のオーランド，大阪，シンガポールにある。米国のテーマパークを日本に導入したという意味では，ディズニーランドと似ている。

　USJは，大阪市が観光の目玉として誘致した。当初はリピーターが増えず苦労した。1年目は入園者が1000万人を超えたが，その後は800万人台で推移した。2007年に東証マザーズに上場したが，不振が続いたため2010年に株式公開をやめ，ゴールドマンサックスを中心に経営の立て直しを図った。株式公開をやめた時点で大阪市は全株を売却した。

　ゴールドマンサックスの傘下に入ってから入園者数は反転した(図11-1)。V字回復に関しては，森岡毅(2014)が詳しく紹介している。森岡は2010年6月に企画担当役員に就任した。就任当初から長期的ビジョンをもっており，それを1つ1つ実現していった。第1段階はファミリー層の拡大，第2段階が関西依存からの脱却，第3段階が大阪以外への展開を構想である。第2段階の関西依存からの脱却の目玉として「ウィザーディング・ワールド・オブ・ハリー・ポッター」(以下，「ハリー・ポッター」)のエリア開設を想定し，2014年度の開業に合わせてさまざまな戦略をとった。就任から4年後までを見据えた長期的な戦略は注目に値する。

　就任2年目の2011年度に，東日本大震災が起こった。全国的に自粛ムードが広がり，入園者数の減少が懸念された。しかし，子ども料金を無料にするという戦略で入園者を呼び込んだ。「関西から日本を元気にしたい。関西の子ど

もを USJ に無料で招待します。いっぱい笑顔になりに来てください」という方針だった。さらに，ハロウィーン・ホラー・ナイト，モンスターハンターイベント，世界一の光のツリーなどの話題性で入園者数を増やした。

　2012 年度は，第 1 段階のファミリー層の拡大をねらいとして，「ユニバーサル・ワンダーランド」がつくられた。完全に子ども向けのエリアである。キャラクターはスヌーピー，ハローキティ，セサミストリートの 3 種類のエリアがある。

　2013 年度は，「ハリー・ポッター」エリアの開園の前年度である。「ハリー・ポッター」のアトラクションに多額の資金をかけるため，ほかのものに投資する資金は限られている。2013 年は東京ディズニーリゾート 30 周年にあたり，顧客を奪われる可能性もある。お金をかけずに集客するにはアイデアで勝負するしかない。そこで考えられたのがリニューアルである。1 つは，「アメージング・アドベンチャー・オブ・スパイダーマン・ザ・ライド 4K3D」だ。3D の画質を向上させることにより，飛躍的に臨場感が増した。もう 1 つは，後ろ向きにジェットコースターを走らせる「ハリウッド・ドリーム・ザ・ライド・バックドロップ」である。ローラーコースターの向きを変えるという最小限の改造で，スリルが大幅に増し，人気が出た。

　2014 年度の「ハリー・ポッター」は予想以上の人気で USJ の入園者数も大幅に増え，2014 年度の入園者数は 1270 万人になった。

　2016 年には開業 15 周年を迎え高低差約 38 メートルというジェットコースター「ザ・フライング・ダイナソー」を新設した。第 3 段階の大阪以外への展開はまだ実現の途上にある。沖縄に新テーマパークをつくると発表したが，2017 年に中止するとの発表があった。

　2017 年 1 月末に V 字回復の立役者である森岡が執行役員を退任し，USJ は新たな局面を迎えた。その戦略は，家族層とともに 10〜20 代の若い女性をターゲットにする方針だ（『日本経済新聞』2017 年 6 月 30 日付）。その 1 つとして，ジェットコースター「スペース・ファンタジー・ザ・ライド」で，DREAMS COME TRUE（ドリカム）書き下ろしの楽曲を採用した。また，女性に人気の

キャラクター「ミニオン」をテーマにしたミニオン・パークをオープンした。2020年には、「スーパーニンテンドーワールド」がオープンする予定だ。マリオカートを体験できるアトラクションなど、ニンテンドーのキャラクターがテーマのエリアとなる。投資額は「ハリーポッター」の450億円を上回る600億円が見込まれている。それまでの2018〜2019年に魅力的な企画を立て入園者数を大きく減らさないことが課題となる。

表11-4　ユニバーサル・スタジオの動向

年	出来事
2011	東日本大震災（→子ども料金を無料）
2012	ユニバーサル・ワンダーランド
2013	スパイダーマン，バックドロップ
2014	ハリー・ポッター（投資額450億円）
2015	ハリー・ポッター・アンド・ザ・フォービドゥン・ジャーニー in 4K3D
2016	ザ・フライング・ダイナソー
2017	ミニオン・パーク
2018	
2019	
2020	スーパーニンテンドーワールド（投資額600億円）

表11-5　東京ディズニーランドとＵＳＪのテーマランドの比較

	東京ディズニーランド	ＵＳＪ
入　口	ワールドバザール	ハリウッドエリア
西　部	ウエスタンランド	ウエスタンエリア（廃止）
冒　険	アドベンチャーランド	アミティビレッジ ジュラシックパーク ウォーターワールド
ファンタジー	クリッターカントリー ファンタジーランド	ウィザーディング・ワールド・ オブ・ハリー・ポッター
キャラクター	トゥーンタウン	ユニバーサル・ワンダーランド
未来・都市	トゥモローランド	ニューヨークエリア サンフランシスコエリア ラグーン

ハウステンボスは，1992年に九州の長崎市に開園した。開園時期は，バブル崩壊後でタイミングとしてはよくなかっただろう。コンセプトは，オランダの再現である。日本は，江戸時代の鎖国中もオランダとは出島を通して交流を続けてきた伝統がある。オランダといえば，かつては近世に世界覇権をとった国（コラム参照）であり，水車とチューリップという親しみやすいイメージもある。

ハウステンボスは，東京ディズニーリゾートやUSJと並び称されて三大パークといわれている。しかし，2つのテーマパークと決定的にちがうのは，「地の利」である。長崎は東京からも大阪からも遠い。福島県いわき市にあるスパリゾート・ハワイアンズは首都圏から日帰りも可能だが，首都圏から長崎への日帰りはむずかしい。

「本物のオランダ」がハウステンボスにあるにしても，東京からは遠い。首都圏内に立地しているのとは，わけがちがう。空港を起点に考えれば，実際にオランダに行くことも選択肢になる。

ハウステンボスと混同しがちな施設に「長崎オランダ村」がある。長崎オランダ村は，東京ディズニーランドとほぼ同じ1983年7月に開園した。バブル景気にのって，その後も入園者数を増やした。しかし，ハウステンボスとは離れた場所のテーマパークである。長崎オランダ村は，ハウステンボスができた1992年以降ハウステンボスのサテライトパークとして営業を続けた。しかし，2003年にハウステンボスが経営破綻したため，長崎オランダ村も営業を停止した。

2010年3月　エイチ・アイ・エス（略称：H.I.S.）が経営を開始し，劇的に経営状態が改善した。まず入園料を引き下げ，園内の2割を開放した。利益につながるかどうかは脇に置いて，来園者の増加を重視した。無料開放するエリアはほかの企業に任せたため，管理費が減るというメリットもあった。それは成功し，2011年9月期は，1992年の開業以来初の営業黒字となった。翌2012年9月期も2期連続の黒字となった。「ワンピース」のアトラクションが人気を呼んだ。値上げをしたことや医療観光事業を打ち出したこともプラスに働いた。

第4章で述べたようにサービス業は労働集約産業だが，それを打破するために H.I.S. は「変なホテル」の運営を始めた。受付のほか多くのサービスを人間でなくロボットに置き換えたものだ。労働集約的だったホテルのあり方を変えるものとして注目される。

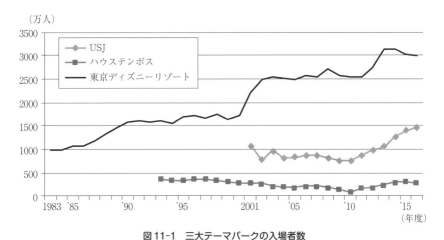

図11-1　三大テーマパークの入場者数

（出所）東京ディズニー・リゾートはウェブページ，ユニバーサル・スタジオ・ジャパンは新聞報道，ハウステンボスは，木ノ内(2014)。2015年度と2016年度は綜合ユニコム『月刊レジャー産業資料』2017年8月号より

表11-6　三大テーマパークの規模の比較

施設名	東京ディズニーシー	東京ディズニーランド	USJ	ハウステンボス
施設面積（万㎡）	49	51	47	152
初期投資（億円）	3380	1800	1726	2250
遊戯施設（台）	23	47	20	12
飲食施設数（店）	33	53	20	56
物販施設数（店）	32	61	26	70

（注）ハウステンボスは敷地面積。
（出所）綜合ユニコム『レジャーランド・レクパーク総覧 2017』

④ スパリゾートハワイアンズの戦略

　スパリゾートハワイアンズは福島県いわき市にあるハワイをテーマにしたテーマパークだ。開園当初は温泉を利用した屋内温水プールとハワイアンダンサーの踊りがアトラクションの中心だった。その後，世界の温泉をテーマにした「スプリングパーク」や屋外の温水プール「スパガーデンパレオ」，巨大な露天風呂がある「江戸情話与一」などが建設された。

　スパリゾートハワイアンズは，構造不況業種の業種変換の成功例として知られている。現在も同パークを運営している常磐興産は，もともと常磐炭鉱の石炭採掘企業だった。しかし，昭和40年代（1965年～）から石炭から石油へというエネルギー革命が起こり，経営が悪化した。

　そこで，新しい業態の模索をするため社長が世界視察旅行をし，ハワイに注目した。常磐炭鉱では1トンの石炭を掘るのに，40トンの温泉をくみ上げて

表11-7　三大テーマパークの1人当たり売上高の比較（2007年度）

(円)

	東京ディズニーリゾート	USJ	スパリゾートハワイアンズ
売上高	10662	8467	8395
アトラクション・ショー収入	5019	4419	
商品販売収入	3593	2143	
飲食販売収入	2050	1252	
ホテル収入	592		
その他の収入	28	653	
営業利益	1225	972	1309
売上高営業利益率 (%)	11.5	11.5	15.6
入場者数 (万人)	2542	864	161

(円)

入場料	5,800	5,800	3,150
年間パス	45,000	22,000	－
（両パーク）	75,000	－	－

（出所）オリエンタルランド「有価証券報告書」，ユーエスジェイ「有価証券報告書」，常磐興産「有価証券報告書」

いた。いわき湯本温泉がもつ高い熱と豊富な湯量を活用して，日本のハワイを
つくろうとした。

　まず，1965年にハワイアンダンサーを養成するための常磐音楽舞踊学院を
つくり，1966年に常磐ハワイアンセンターがオープンした。8年で入園者1000
万人を突破した。1億総レジャー時代の流れに乗り，享楽型温泉地ではなく，
家族で遊べる安全で健康な施設を志向したことが集客力の増加につながった。
1971年に多額の債務をもつ常磐炭鉱と合併して利益を借金の返済に充てた。
1976年に常磐炭鉱は閉山したが，借金は完済できた。

　1990年，スパリゾート・ハワイアンズに改名した。滞在型の施設をめざし，
ハワイ，南ヨーロッパ，地中海，タヒチなどの温浴施設がある「スプリングパ
ーク」を建設した。2001年には屋外温泉施設の「スパガーデンパレオ」を建
設した。

⑤　サンリオの戦略

　サンリオは，東京都多摩市にある「サンリオピューロランド」と大分県速見
郡にある「サンリオキャラクターパークハーモニーランド」を運営している。
また，世界的に人気のキャラクターである「ハローキティ」のほか，「マイメ
ロディ」「シナモロール」「ポムポムプリン」などさまざまな人気キャラクター
を擁している。

　サンリオがオリエンタルランドとちがうのは，①国内と海外の売上高比率が
半分ずつ，②テーマパーク事業の比重は小さいという点だ。

　2017年3月期のサンリオの有価証券報告書をみると，売上高のうち海外事
業が263億円，国内事業が475億円で海外の比重が大きい。日本は今後少子高
齢化が進み，人口減少とともに需要が減ることが予想される。海外は反対に人
口が増えるので，海外事業比率が高いことは将来を考えれば望ましい。

　また，テーマパークの売上高は国内に占める割合で17.1％，全体に占める割
合は13.0％だ。テーマパークよりもキャラクタービジネスに重点を置いている
ことがわかる。

表 11-8　サンリオの売上高（2016年度）

		売上高（億円）	国内外別構成比（%）	全体の構成比（%）
海外事業		263	100.0	41.9
	欧州	54	20.5	8.6
	米州	67	25.5	10.7
	アジア	141	53.8	22.5
	その他	0	0.2	0.1
国内事業		475	100.0	75.7
	国内ライセンス事業	97	20.4	15.4
	国内物販事業	205	43.1	32.6
	テーマパーク	81	17.1	13.0
	その他事業	92	19.4	14.7
連結消去等		738	-23.3	117.7
合計 (連結消去含む)		627		

（出所）サンリオ「第57期（2017年3月期）業績説明」「2018年3月期 計画資料」

⑥　スペースワールドの戦略

スペースワールドは，1990年に開園した北九州市にあるテーマパークだ。日本で最初の官営製鉄所である八幡製鉄所の跡地につくられた。

2012年度のテーマパークの入場者数（綜合ユニコム調べ）でみると，1位ディズニーリゾート（2750万人），2位USJ（975万人），3位ハウステンボス（192万人），4位スペースワールド（164万人）という順だ。

スペースワールドは，宇宙をテーマにしたテーマパークだが，全体のイメージはジェットコースターなどの絶叫系マシンが多く，富士急ハイランドに近いイメージだ。

アトラクションで大規模なものは，「ザターン」「タイタンMAX」「ヴィーナスGP」などである。「タイタンMAX」は富士急ハイランドの「フジヤマ」に近く，「ヴィーナスGP」は一回転する普通のジェットコースターである。「ザターン」は，富士急ハイランドの「ド・ドドンパ」と似ていて，急発進して時速135kmまで加速して，ほぼ垂直に上昇・下降する。「ブラックホールスクラ

ンブル」というディズニーランドの「スペース・マウンテン」のような暗闇を走行するジェットコースターもある。

八幡製鉄所の跡地だが，周りには住宅地があったり，隣にショッピングセンターのイオンがあったりして，非日常性やリゾート感はあまりない。反面，JR「スペースワールド」駅から徒歩で行けて気軽に楽しめるというメリットがある。

混雑していないため，ほぼ待たずにアトラクションに乗ることができるのが魅力だが，テーマパークとしての独自性はあまり感じられない。

2016年，スケートリンクの氷の下に，本物の魚を氷漬けにした演出をした。これに対して，「かわいそう」などの声が起こり，この企画への批判が大きくなり，スケートリンクは閉鎖された。これをきっかけに，スペースワールドは2017年末日で閉園した。

コラム　覇権国家オランダ

ハウステンボスは，オランダをテーマにしたテーマパークである。オランダのイメージは，チューリップが咲き誇り，大きな水車が田園風景のなかにあるというものだろう。一般の日本人にとっては米国や英国ほどの親近感はなく，ヨーロッパの一小国として認識されているかもしれない。しかし，17世紀には世界で最も力のある国だった。鎖国時代に，なぜオランダと交流していたのかを考えればわかる。

覇権国家とは，その時代に政治的，軍事的，経済的に最も力をもった国のことである。1500年以降については，地理上の再発見でまずスペインが覇権を握り，次いでオランダが覇権を握った。江戸幕府ができたのは17世紀だが，「17世紀はオランダの時代」と呼ばれている。オランダは東インド会社をつくり，アジアに進出した。英国やフランスも東インド会社をつくっていたが最も強かったのがオランダである。

その後，覇権は英国に移り，さらに米国へと移っている。

スペイン ➡ オランダ ➡ 英 国 ➡ 米 国

第12章 「お姫様」と女性の社会進出（ジェンダー論）

■この章のポイント■

　ジェンダーとは，生物学的ではない文化的な性差のことである。白雪姫やシンデレラはジェンダーを助長するという批判があり，リトル・マーメイド以降はそれを意識したプリンセス像へと変わった。2000年以降は，ヒロインの国際化，お姫様への回帰，さらなる多様化へと進化している。

ディズニープリンセスの変遷

	代表例	特　徴
古典的プリンセス	白雪姫，シンデレラ	家庭的，受動的
積極的なプリンセス	アリエル，ベル	外交的，積極的
プリンセスの国際化	ジャスミン，ポカホンタス	白人以外のプリンセス
王子像の変化	ラプンツェル，メリダ	王子依存からの脱却
愛の多様化	アナ，エルサ	家族愛の描写

1　ジェンダーとは

　この章では，ディズニー映画のプリンセスについての分析をする。ジェンダー論の観点から女性の主人公の描き方を中心に考える。

　ジェンダーとは，生物学的性差ではなく，文化的，社会的な性差のことだ。生物学的な性差は，簡単にいえば女性は子どもを産むことができるのに対し，男性は子どもを産むことができない，というちがいである。

　いっぽう，文化的，社会的な性差とは，「女性は子どもを産み育てるために存在している」「子どもを育てるために家庭にいるのが女の義務だ」「母性愛は女性の本能である」「お嫁さんになること，すてきな結婚をすることが幸福」といった固定観念をさす。女性が子どもを産むことは紛れもない事実だが，社会のなかでの女性の役割を決めるのは，その女性が属する地域や文化によるということだ。

　映画で描かれる女性像も，時代や社会に影響を受ける。ディズニーの初期の

キャラクターである『白雪姫』は，良妻賢母タイプの女性像を描いている。「女性は可愛らしく，大人しくあるべき」「きれいにしていればいつか王子様が来てくれる」といった女性像が，あるべき女性の姿になることに危険性が指摘された。

② ディズニープリンセスの定義

プリンセスとは本来王様の娘のことで，権力や財力がある王様のもとで何不自由することなく暮らしている少女というイメージである。プリンセスは王様主催の式典に出るために，豪華で美しい服をもっており，ネックレスやティアラなどのアクセサリーもありあまるほどもっている。女性が憧れる要素をふんだんにもっているのがプリンセスだ。

米ウォルト・ディズニー社は，ディズニー映画の主人公のうちの何人かを「ディズニープリンセス」として売り出している。誰がディズニープリンセスかは米ウォルト・ディズニー社によってあらかじめ決められている。米ウォルト・ディズニー社のディズニーストアのページでは，白雪姫，シンデレラ，オーロラ姫，アリエル，ベル，ジャスミン，ラプンツェル，ポカホンタス，ムーラン，ティアナ，メリダの11人がプリンセスである(2017年8月調べ)。『不思議の国のアリス』のアリスは人気キャラクターだが，ディズニープリンセスには入らない。ミニーマウスも同様だ。基本的には王様の娘がプリンセスだが，シンデレラのように王様の娘ではないが，王子様と結婚する場合もプリンセスと呼ばれている。

ディズニープリンセスのメンバーは，国によってもちがう。日本の場合，ウォルト・ディズニー・ジャパンのウェブページにディズニープリンセスのコーナーがある。日本では白雪姫，シンデレラ，オーロラ姫，アリエル，ベル，ジャスミン，ラプンツェルの7人がプリンセスとして紹介されているが，米国で紹介されるプリンセスはポカホンタス(ネイティブアメリカン)，ムーラン(中国人)，ティアナ(黒人)と白人以外のプリンセスが入っている(同上)。さまざまな人種で構成されている米国ではこうした配慮が必要なのだろう。

東京ディズニーリゾートには，ビビディ・バビディ・ブティックというプリンセスの衣装を着て化粧を施してくれる子ども向けサービスがあるが，そこで着られるドレスは，シンデレラ，オーロラ姫，ベル，ラプンツェル，アナ，エルサの6人であり（同上），ウォルト・ディズニー・ジャパンの定義とはまたちがっている。

　王様の娘かどうかという意味では，多くは王女様だが，シンデレラ，ベル，ムーラン，『プリンセスと魔法のキス』のティアナは王女様ではない。

　王子様との関連でいうと，初期のプリンセスは王子様と出会って結婚することが基本だったが，『アラジン』以降はプリンセスの相手が王子様の場合が少なくなってきている。『魔法にかけられて』や『アナと雪の女王』に至っては，王子様は登場するが，最終的に結ばれる相手としては描かれていない。相手が王子様でしかも結婚するというパターンは『美女と野獣』以降なくなってしまった。

表12-1　プリンセスの分類

		王女かどうか	相手は王子かどうか	王子と結婚するかどうか	白人かどうか	舞台	前作との間隔(年)	ディズニープリンセス		
								日　本	米　国	ビビディ・バビディ・ブティック(日本)
1937	白雪姫	○	○	○	○	欧州		○	○	
1950	シンデレラ		○	○	○	欧州	13	○	○	○
1959	眠れる森の美女	○	○	○	○	欧州	9	○	○	○
1989	リトル・マーメイド	○	○	○	○	欧州	30	○	○	
1991	美女と野獣		○	○	○	欧州	2	○	○	
1992	アラジン	○				中東	1		○	
1995	ポカホンタス	○				米国	3		○	
1998	ムーラン					中国	3		○	
2007	魔法にかけられて	○	△		○	米国	9		○	
2009	プリンセスと魔法のキス		○			米国	2		○	
2010	塔の上のラプンツェル	○			○	欧州	1	○	○	
2012	メリダとおそろしの森	○			○	欧州	2		○	
2014	アナと雪の女王	○	△		○	欧州	2			○○

（注）△はわき役として王子が登場。
（出所）"Disney A to Z"など

③ 2つのグループ

　有馬哲夫（2001）の『ディズニーとは何か』では，ディズニーとジェンダーの問題について広く考察している。ポカホンタスまでのプリンセスを2つに分けた。第1のグループは白雪姫，『眠れる森の美女』のオーロラ姫，シンデレラで，第2のグループは『リトル・マーメイド』のアリエル，『美女と野獣』のベル，ポカホンタスである。これらのグループは明らかに性格がちがう。

　第1グループの白雪姫，シンデレラ，オーロラ姫に共通する特徴は，「何もしないこと」である。消極的な性格で自ら行動しないが，王子様のほうから来てくれる。そして，魅力的な姿に魅了されて王子様に求婚され，めでたく結婚することになる。こうしたストーリーから得られる教訓は，「女の子が幸せになるにはまず王子様を惹きつける美しさが必要だ」ということである。

　白雪姫は，井戸端で歌を歌いながら水を汲んでいるときに王子様が通りかかり一目惚れする。毒りんごを食べさせられて仮死状態になるが，王子様のキスで復活する。女の子らしさの強調として批判されるのは，小人の家を見つけて勝手に家に入り，掃除や洗い物をするところだ。原作にはこうしたシーンがないので，家庭的なイメージの白雪姫を印象づけている。シンデレラは，舞踏会で美しい姿を王子様に見初められる。眠れる森の美女のオーロラ姫も森のなかで歌を歌っているところを王子様が見つけ，恋に落ちる。

　こうした物語は，なぜ問題なのだろうか。子どものころから「女性の役割は男性を助けること」という物語をみていると，それが本来の女性像として意識

表12-2　プリンセスを考察した2つのグループ

	第一グループ	第二グループ
	白雪姫，シンデレラ，オーロラ姫	アリエル，ベル，ジャスミン
性　格	内気，消極的，良妻賢母型	勝気，積極的，キャリアウーマン型
恋　愛	王子様を待つ，結婚がゴール	自ら行動して王子様を勝ち取る
生い立ち	不幸な生い立ち	母親がいない
行　動	掃除や料理	歌や読書など

（出所）有馬，2001

されるようになることが問題だと考えられる。

　この点については，若桑みどり（2003）の『お姫様とジェンダー』に詳しい。これらの物語に憧れる女の子は，きれいで身のこなしさえよければ，男性が声をかけてきて，幸せな結婚ができると信じてしまう。幸せになるためには，外見を着飾ったり，化粧を上手にしたりすることが重要だということになる。しかし現実には，プリンセスのようにお金があるわけでも美貌をもっているわけでもない。男性が声をかけてくることはあっても，王子様とは限らない。自分がプリンセスではないことを悟り，王子様との結婚も無理だとしたら，幻滅の人生を歩むことになってしまうことになる。

④　リトル・マーメイド以降の変化

　『白雪姫』『シンデレラ』『眠れる森の美女』など初期の作品がヒットしたあと，米ウォルト・ディズニー社は映画でヒット作を出せなくなる。プリンセスが主人公という意味では，じつに1991年の『リトル・マーメイド』まで，長編映画としてのヒット作はない。『リトル・マーメイド』は画期的な作品で，この作品以降，第2グループとなる新たな女性像を主人公とした作品を生み出してヒット作を増やしていく。

　アンデルセン童話の『人魚姫』は，悲しい物語である。人間の世界に憧れる人魚は声を犠牲にして，人間の世界に出て行く。歩くときはガラスを踏むほどの痛みがある。しかも，人魚姫は王子と結ばれることなく，最後は海の泡になってしまう。『リトル・マーメイド』には，そうした暗さはない。アリエルは人間の世界に憧れる。それは，積極的な外界への憧れとして描かれている。また，王子様へのアプローチも積極的で，最後は王子様と結婚する。

　『美女と野獣』の主人公ベルも，これまでにないタイプの主人公だ。読書が好きで，外見のたくましさを誇る男性ガストンには興味を示さない。ガストンに心酔する女の子たちとは対照的だ。外見は怖いが優しい野獣に惹かれていき，最後は野獣から元の姿に戻った王子と結婚する。

　主人公の性格は，初期のプリンセスに比べてかなり積極的になった。自分自

身の考えをもって行動するという側面も強調されている。ただ，結婚がハッピーエンドという枠組みは変わらない。幸福は結婚することにあるという価値観がまだ根強かったため，物語が終わるためには結婚というゴールが必要だった。

⑤ ヒロインの国際化

『アラジン』以降，ディズニー映画はヒロインの国際化を始める。それまでは白人女性がヒロインだった。しかし，『アラジン』のヒロインであるジャスミン，ポカホンタス，ムーランなど非白人がヒロインとして登場する。しかし，『ムーラン』以降プリンセス物語のヒット作はしばらくない。実際には，シンデレラの後日談である 2002 年公開の『シンデレラ II』などがつくられているが映画作品ではなく，DVD として発売する作品が多くなった。その後も，過去のストーリーを展開させた作品が続く。『リトル・マーメイド II』『リトル・マーメイド III』『シンデレラ III 戻された時計の針』などである。当時の最高経営責任者(CEO)であるマイケル・アイズナー(1984-2005 年在任)の方針が大

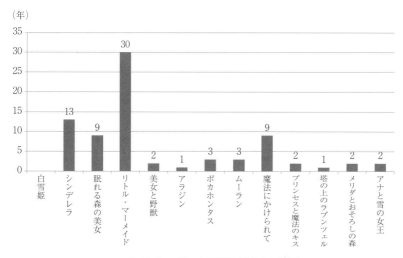

図 12-1　プリンセス映画 (前作との間隔)

きいといわれている。

　プリンセス関連映画のヒット作の推移は，映画の制作間隔をみればよくわかる。初期の作品は約10年程度の間隔で制作されている。長編アニメーションをつくること自体がたいへんだったことを物語っている。その後，ディズニー映画が低迷しヒット作が長らく出なくなる。『眠れる森の美女』から『リトル・マーメイド』の間には30年という開きがある。その後は，1-3年間隔でヒット作がつくられているが，大きな間隔が空いているのが，『ムーラン』から『魔法にかけられて』の9年である。この時期はピクサーの『トイ・ストーリー』（1999年公開）などがヒットしていた時代で，プリンセス映画への関心が薄れた時期とも考えられるし，望まれるプリンセス像が把握できてなかった時期ともいえる。

⑥　お姫様への回帰

　ピクサー映画がヒットしているなかで，久しぶりにつくられたのが『魔法にかけられて』である。この映画は実写とアニメの混合で，現代が舞台になっている場面もあり，プリンセスストーリーとしてはかなり異色の作品である。童話のなかのプリンセスが現代のニューヨークに迷い込むという設定だ。古典的なプリンセスの暮らしと現代のニューヨークでの生活を対照的に描いている。王子様も出てくるが，憧れの存在というわけではなく，脇役に追いやられている。

　次いで，『プリンセスと魔法のキス』がつくられた。ディズニーアニメ再興の作品と位置づけられる。主人公の相手としては珍しく，王子様である。主人公のティアナは黒人なので，ヒロインの国際化の範疇にも入る。

　その後，「正統派」としてのプリンセスであるラプンツェルが登場した。ヨーロッパではよく知られたグリム童話『ラプンツェル』を原作としている。塔に閉じ込められているがラプンツェルは王女で，相手役は盗賊のフリン・ライダーだ。改心してラプンツェルと結婚する。相手が王子様でないところ古典的なプリンセスストーリーとはちがうが，主人公同士が結婚して終わるのは最近

では珍しい。

『メリダとおそろしの森』のメリダは，母と娘の関係に焦点を当てたことが特徴になっている。ヒロイン像としては，アリエルやベルなどと同じ路線で，活発な性格だ。求婚する王子様は3人も出てくるが，それぞれが親の庇護から抜けきれない頼りない男性として描かれており，憧れの存在ではまったくない。結婚を強要する母親とそれを拒否する娘という構図を中心に描かれており，母親と娘の和解がテーマになっている。

⑦ さらなる多様化

2014年に大ヒットした『アナと雪の女王』は，プリンセスストーリーとしてさらに進化した。初期のディズニープリンセスのように，結婚というゴールに向かって話が進むことはなくなった。話の軸がもはや王子様と王女様の恋愛ではなく，アナとエルサとの姉妹愛になっている。男女の恋愛も描かれているが，孤独や姉妹の愛などさまざまな愛のかたちが描かれている。この映画が大ヒットしたことは，こうした考え方が受け入れらていると考えられる。

男女に真実の愛などないという強いメッセージを出しているのは，『眠れる森の美女』の世界を実写化した『マレフィセント』だ。幼い王子と王女の恋愛は真実の愛ではなく，血のつながりのないマレフィセントとオーロラ姫の愛こそが真実の愛として描かれている。

コラム グリム童話とのちがい

　グリム童話など原作とのちがいをみると，ディズニー映画がどのように変化をさせているのかがよくわかる。

　グリム童話は，残酷な童話として知られている。たとえば，『白雪姫』の最後の場面は，継母が火で熱くなった鉄の靴を履かされ，踊り続けて死ぬというものだ。自分を苦しめた継母を処刑する。シンデレラ（グリム童話では灰かぶり姫）のお姉さん二人は小鳥に目をつつかれて失明する（グリム兄弟／金田鬼一訳, 1979）。

　『眠れる森の美女』もさまざまな改変がされている。原作では100年の眠りについていて，王子は100年後の世界の青年となっている。会ったこともない青年だ。いっぽうで，ディズニーでは100年も眠らない。許婚と結婚する。原作では，結婚後の物語もある。2人の子どもを産むが，義母に食べられそうになるなどのエピソードがある。また，原作では王子の戦う相手はマレフィセントではなく，彼女と子どもたちを食べようとする義理の母である。

表 12-4　眠れる森の美女のちがい

	ペロー	グリム	眠れる森の美女	マレフィセント
主人公	眠れる森の王女	野ばら姫	オーロラ姫	オーロラ姫
王子	眠ったあと，100年後に初めて会う	眠ったあと，100年後に初めて会う	フィリップ王子。許嫁として眠る前に会っている。	フィリップ王子。眠る前に会う。王女を目覚めさせられない。
王様（王女の父）				マレフィセントと元恋人
良い「妖精」	7人	12人	3人（美，きれいな歌声，死ぬのではなく眠る）	3人（美，幸せ，真実の愛）
呪いをかける招待されなかった「魔女」	8人目の魔女	13番目の魔女	マレフィセント	マレフィセント
結婚後	王子の母が，王女の子ども（オロール）を食べようとする。			
参考文献	シャルル・ペロー(2007)	グリム兄弟(1979)		

第13章　ディズニー・キャラクター（知的所有権）

■この章のポイント■

ディズニーランドの人気の源泉の１つはキャラクターである。もともとは，鉛筆で書かれたキャラクターが大きな収益源になっている。

ミッキーマウスと似たキャラクターを作れば売れそうなものだが，なぜそれができないのだろうか。それは知的所有権とかかわっている。

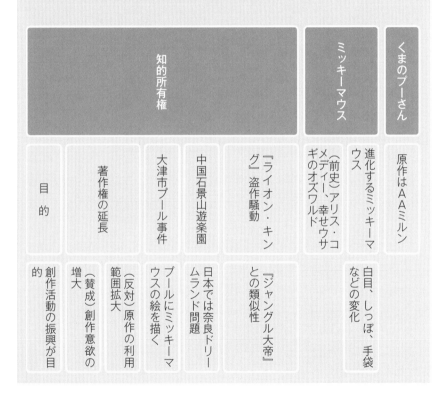

知的所有権					ミッキーマウス		くまのプーさん
目的	著作権の延長	大津市プール事件	中国石景山遊楽園	「ライオン・キング」盗作騒動	進化するミッキーマウス	（前史）アリス・コメディー、幸せウサギのオズワルド	原作はAAミルン
創作活動の振興が目的	増大（賛成）創作意欲の	範囲拡大（反対）原作の利用	プールにミッキーマウスの絵を描く	日本では奈良ドリームランド問題　『ジャングル大帝』との類似性	白目、しっぽ、手袋などの変化		

1　知的所有権について

　ミッキーマウスは世界中で人気者だ。そして米ウォルト・ディズニー社以外は，ミッキーマウスを使った商品を許可なく販売することはできない。知的所

有権に守られているためだ。

　通常の所有権は物を占有できる。土地の所有権や車の所有権などだ。しかし，キャラクターや商標などは独占することができない。誰かがマネをしようと思えば簡単にできる。それを保護する必要があるのは，創作物作成のインセンティブのためだ。新たに生み出したキャラクターが何の保護もなければ，他人の創作物を使用したほうが楽なので，誰も最初に創作活動をしなくなってしまう。それは，文化の停滞を生むため，保護する必要がある。

　知的所有権の種類には，①著作権，②特許権，③意匠権がある。①著作権とは，小説を書いたり，ノンフィクションを書いたりした場合に生ずる権利で，作詞や作曲もこの権利に入る。②特許権は，いわゆる発明に関するものだ。工業製品にはさまざまな特許が使われている。③意匠権は，いわゆるデザインのことで，企業のロゴマークなども入る。デザインといっても，美術品などではなく商品に使われるものである。

　しかし，論文などで引用することは認められている。卒論などの論文を書くとき，他人の知識をまったく使えないとしたら，どうなるだろう。すべてのアイデアを自分でつくり出すことになる。

　新しい創作物も先人の文化的遺産に負うところが多いため，引用は認められる。しかし，引用はあくまでも例外である。このため，引用の条件は厳しい。著作権法第32条では，「…引用は，公正な慣習に合致するものであり，かつ報道，批評，研究その他の引用の目的上正当な範囲で行わなければならない」とし，①引用する必然性，②引用自体が論文の中心になっていないこと，③引用されていることが明確であること，④出所が明示されていることなどが求められる。

② ミッキーマウス保護法

　1998年までの米国の著作権法は，企業が所有する作品には75年まで保護が認められていた。ミッキーマウスの誕生は1928年なので，本来2003年で著作権は切れ，誰もがミッキーマウスを使えるようになるはずだった。

しかし，1998 年ソニー・ボノ著作権延長法が施行され，会社の場合保護期間は 95 年に延長された。ソニー・ボノは歌手でその後上院議員になり，この法案を提出した。法案成立前にスキー事故で亡くなったため，彼の名前が法律に冠されている。これによって，2023 年までミッキーマウスはディズニー社が独占的に使えることになった。この法案が議会を通ったのは，ディズニー社のロビー活動の効果が大きいとされ，「ミッキーマウス保護法」と呼ばれている。ちなみに，個人の著作権についても 50 年から 70 年へと 20 年延長された。このエピソードは，クルーグマン (2007) の『ミクロ経済学』に掲載されている。

　著作権の延長は，1978 年にも行われており，当時 50 年だった著作権が 75 年に延長された。ディズニー関連の著作権の期限切れが近づくと延長される状態が続いている。著作権延長にはさまざまな議論がある。著作者側からみれば，保護する期間が長ければ長いほど著作料が入り，創作意欲が増すことになる。いっぽうで，利用者側からすれば過去の作品を自由に利用できない期間が増えるという問題がある。田中・林 (2008) によると，著作権延長を支持する意見としては，①創作者が亡くなったあとも遺族に著作権料が入るため，創作意欲が増す，②保護をやめると継続的な投資がなくなり創作がストップする，③保護を打ち切ると無数の利用者が表れて価値が減ってしまうがあげられる。いっぽう反対の意見としては，パブリック・ドメイン（公有）化の利益である。①利用者が増える，②利用方法が増える，③作品を使った別の作品が増える，④権利者を探す必要がなくなるがあげられる。

　著作権を延長せず，ミッキーマウスが誰でも利用できることになると，既存のイメージを壊される可能性があり，深刻な問題だ。しかし，一般的な著作物に関しては当てはまらない問題でもある。過去につくられた多くの作品は忘れ去られている場合が多いためだ。利用者が増えるメリットを考えれば，原則的には著作権を延長せず，ミッキーマウスなどは特別扱いするほうがよいかもしれない。

表13-2　大津市プール事件

確認できる資料	・プールにミッキーマウスの絵／6年生が卒業制作（『読売新聞』滋賀県版1987年3月13日付朝刊） ・プールの絵　著作権違反／ディズニー力作を塗りつぶさせる（『サンケイ新聞』東京版1987年7月10日付朝刊）
不明な点	・「絵を描いた男子児童全員を東京ディズニーランドに招待したら『やっぱりディズニーランドはすばらしい』と言った」（『週刊金曜日』2000年11月3日号）ことが事実かどうか。

③　大津市プール事件

　米ウォルト・ディズニー社は著作権に厳しいといわれている。ミッキーマウスなどディズニーのキャラクターには「品行方正」なイメージがあり，誰かが勝手にちがうイメージのキャラクターとして使うと，キャラクターのイメージダウンにつながる。著作権に厳しいことは仕方がない。

　著作権への厳しさの例として，「大津プール事件」は代表的なエピソードである。1980年代，小学生たちが卒業記念にプールの底にミッキーマウスの絵を書き，それが新聞で報道された。その後，ディズニー社が絵を消すことを依頼したという事件だ。この事件の顚末については，安藤健二（2008）に詳しく書いてある。著者が現地に取材に行ったにもかかわらず，全容はわからなかったようだ。事件後，その小学生たちを東京ディズニーランドに招待したとか，図書館にディズニーの絵本を寄贈したとかいう話があるが真偽はわからない。

④　『ライオン・キング』に対する『ジャングル大帝』の盗作疑惑

　1994年に公開のディズニーアニメ映画『ライオン・キング』と手塚治虫の『ジャングル大帝』が類似しているとして，ディズニーへの盗作疑惑が浮上し，日米で問題となった。『ジャングル大帝』は，1966年から1970年代にかけて『キンバ・ザ・ホワイトライオン』のタイトルで米国でも放映されているが，ディズニー側はこれを参考にはしていないとして盗作を否定した。日本の漫画家の里中満智子が署名を集め，ディズニーへ質問状を送るなどの活動を行った。

　手塚治虫の死後，著作権の管理をしている手塚プロダクションは米ウォルト・

ディズニー社を起訴しなかった。その理由は，『ジャングル大帝』のアイデア
もディズニーの作品『バンビ』に学んだところがあるためだ。

　それに，手塚治虫のアイデアが使われていたとしても，「ディズニーのファ
ンだった手塚治虫自身は，むしろ光栄なのではないか」と，手塚治虫の息子で
映像作家の手塚眞が考え，盗作問題をあえて取り上げなかったため，騒動は自
然と消えていった。詳しい考察は，有馬（2001）にある。

⑤　ディズニーランドの模倣

　テーマパークのコンセプト自体の模倣の例もある。2007 年，中国にある遊
園地がディズニーランドに似ていることで話題になった。北京にあった1986
年開園の国営遊園地「石景山遊楽園」である。ミッキーマウスやハローキティ，
ドラえもんなどに似たキャラクターが登場した。着ぐるみの質が低く，中に入
っている人が被り物をとったりしていた。

　日本でも，奈良ドリームランドが，ディズニーランドを無断で真似をしたと
して米ウォルト・ディズニー社から問題視されていたといわれている。ただ，
小川（2015）によれば，当時のドリーム観光社長の松尾國三氏は，実際にウォル
ト・ディズニーと面会し，両者が技術協力で合意した可能性があるとしている。
最終的にはキャラクター料などの折り合いがつかず，「ディズニーランド」と
いう名前をドリーム観光が使うことはできなかった。ただ，当時の新聞には「デ
ィズニーランドの日本版」と報道されたり，ドリームランドを運営するドリー
ム観光の新株発行に際して，「ディズニーランドに範をとり」といった言葉を
使ったりしているので，米ウォルト・ディズニー社と契約してない状態で，「デ
ィズニーランドの日本版」をドリーム観光サイドでアピールしていたことは確
かである。

⑥　ミッキーマウスへの道

　ミッキーマウスが誕生した背景について説明する。ミッキーマウスはウォル
ト・ディズニーが産み出した代表的キャラクターだが，最初の作品というわけ

ではない。

　ディズニー・ブラザーズ・スタジオの最初のシリーズは，『アリス・コメディー』である。これは，アニメーションと実写の合成で，子役の女優が演じるアリスをアニメーションの世界においた作品だ。1924~27年の4年間で56作品つくられた。この作品に登場する猫のキャラクター『ジュリアス・ザ・キャット』は当時人気のあった『フェリックス・ザ・キャット』の模倣だという抗議があり，新しいキャラクターの創造を余儀なくされた。たしかに，両者は似ている。

　新たなキャラクターとして，1927年に『しあわせウサギのオズワルド』がつくられた。ミッキーマウスに似ているが，ウサギのキャラクターだ。1927~28年にかけて26本製作された。オズワルドは人気があったが，契約上所有権はユニバーサルピクチャーズにあった。その後，ユニバーサルピクチャーズにスタッフの大半を引き抜かれ，ウォルト・ディズニーは失意のどん底に落ちることになる。その後，アブ・アイワークスとつくり上げたのが，ミッキーマウスだ。

⑦　ミッキーマウスの変遷

　ミッキーマウスが世の中に出たのは，1928年11月18日『蒸気船ウィリー』（Steamboat Willie，ニューヨークブロードウェイ劇場）の上映が最初である。ミッキーマウスの誕生日が11月18日なのは，上映初日だったためだ。しかし，『蒸気船ウィリー』は3作目で制作順では，『プレーンクレイジー』が最初だ。

　『プレーンクレイジー』は，リンドバーグの飛行機による世界一周が世間を騒がせたのに合わせてつくられた。ミッキーマウスがリンドバーグの髪形にしたりしている。ミッキーマウスは，ギョロ目で，靴を履いてないし，手袋もしていない。コミカルだが，かわいさ，上品さのあるキャラクターではない。現在と同じキャラクターとは思えないほどである。2番目の作品の『ギャロッピングガウチョ』のミッキーマウスはたばこを吸ったり，ビールを飲んだりしている。初めて靴を履いた作品だ。顔が作品の前半と後半で変わっており，前半

はギョロ目だが，後半は黒目だけになっている。3作目の『蒸気船ウィリー』で現在のミッキーマウスに近いイメージになった。

　その後，さまざまな点で変化した。1929年の『猫の居ぬ間にタップダンス』だ。この作品から手袋をはめており，以後の作品は手袋をするようになった。より人間に近いキャラクターになったといえる。次の変化は1935年の『ミッキーの大演奏会』で，白黒からカラーになったことだ。また，ズボンだけの服装から，人間と同じような服を着るようになった。

　重要な変化は，1939年の『ミッキーの狩りは楽し』である。黒目のみから

表13-3　ミッキーマウスの歩み

年	タイトル	説明	服	靴	手袋	白目	肌	尻尾	眉毛
1928	プレーンクレイジー	ズボンのみ，歯がむき出し。ギョロ目。	ズボンのみ	×	×	○	白	○	×
	ギャロッピン・ガウチョ	たばこを吸ったり，ビールを飲んだりする。靴を履く。後半黒目のみに。	ズボンのみ	○	×	○	白	○	×
	蒸気船ウィリー	白目がなくなる。公表はこの作品が最初。	ズボンのみ	○	×	×	白	○	×
1929	ネコの居ぬ間のタップダンス	白い手袋をつける	ズボンのみ	○	○	×	白	○	×
1935	ミッキーとカンガルー	最後のモノクロ作品	ズボンのみ	○	○	×	白	○	×
	ミッキーの大演奏会	初のカラー作品 ドナルドダック	服	○	○	×	白	○	×
1939	ミッキーの狩りは楽し	目に白目がき，顔が肌色に。	服	○	○	○	肌色	○	×
1940	ファンタジア	初の長編映画。しっぽがなくなる。	服	○	○	○	肌色	×	×
1947	ミッキーのダンスパーティー	しっぽが復活。	服	○	○	○	肌色	○	×
1953	ミッキーの魚釣り	眉毛がはえる。	服	○	○	○	肌色	○	○
1983	ミッキーのクリスマスキャロル	眉毛が消える。	服	○	○	○	肌色	○	×

（出所）東京ディズニーランド研究会議（2000）など

白目も描かれるようになり，顔も肌色になった。現在のミッキーマウスとほぼ同じ姿がこの作品でつくられた。

　その後のバリエーションとしては，眉毛があるミッキーマウスがある。1953年の『ミッキーの魚釣り』だ。短編映画としてはこれ一作だが，着ぐるみとしてのミッキーマウスには眉毛があるものがある。1940年の『ファンタジア』以降，一時尻尾がなくなったが，現在の標準は，「眉毛なし，尻尾有り」である。

　コミック誌では，睡蓮の葉のような形の目（パイカット）のミッキーマウスがある。アニメーション化するのがむずかしく，映画には登場しない。

　映画での最新のミッキーマウスは2013年に『アナと雪の女王』と同時に放映された，『ミッキーのミニー救出大作戦』である。『蒸気船ウィリー』と同じような白黒のアニメーションで始まるが，途中でカラーの最新のミッキーマウスも出てきて複雑な構成になっている。「ディズニーランドは完成しない」ように，ミッキーマウスも完成せず，今後変化する可能性はある。

⑧　オズワルドのその後

　ウォルト・ディズニーからユニバーサルピクチャーの手に渡ったあとのオズワルドの作品は，ウォルター・ランツによってつくられた。オズワルドの外見は徐々に変わり，頭が大きく，現実のうさぎに近い姿のキャラクターになった。しかし，人気は出なかった。ウォルター・ランツ自身がつくったキャラクターのウッディ・ウッドペッカーがヒットしたこともあり，1943年を最後に制作されなくなった。

　その後，約80年後，2006年にオズワルドは米ウォルト・ディズニー社に帰ることになる。ABC（米ウォルト・ディズニー社系列）のアナウンサーのアル・マイケルズのNBC（ユニバーサル社系列）移籍との交換で，ユニバーサルピクチャーからオズワルドの著作権を購入した。このため，現在では，ディズニー・キャラクターとしてオズワルドは使われている。

⑨ くまのプーさんの原作は英国の絵本

『くまのプーさん』の生みの親は，英国人のA.A.ミルン（アラン・アレクサンダー・ミルン）である。くまのプーさんに関連した本は，2冊の物語と2冊の詩集からなり，物語は1926年の原作『クマのプーさん』と1928年の『プー横丁にたった家』である。詩集は，1924年に『ぼくたちがとてもちいさかったころ』，1927年に『ぼくたちは六歳』が発表された。小田島雄志・小田島若子訳では詩集はそれぞれ『クリストファー・ロビンのうた』『クマのプーさんとぼく』という題名になっている。

日本語訳では石井桃子訳の岩波少年文庫の物語2冊が定番だが，日本での著作権が切れたため，2017年森絵都訳の『くまのプー』も発行された。詩集は，石井桃子・小田島雄志・小田島若子訳『クマのプーさん全集―おはなしと詩』に収録されている。

『クマのプーさん』の原題は「WINNIE THE POOH」だが，WINNIEは，当時ロンドン動物園で人気だったカナダ産の黒熊の名前だ。カナダのウィニペグからやってきたのでウィニーという名前になった。

「POOH」の由来は，原作『クマのプーさん』の前書きに書いてある。『ぼくたちがとてもちいさかったころ』に，クリストファー・ロビンが白鳥をプーと名付けた話が出てくる。その後，白鳥の名前であるプーを「お下がりとして」テディベアにも付けた。

また，原作『クマのプーさん』の第1章に「ハエが飛んできて，鼻の先にとまるとプーと口で吹き飛ばさなければならなかったから」プーという名前になったのでは，というプーさん自身の推測が書いてある。

これまでの話は，原作『クマのプーさん』の話だ。ディズニー映画のプーは見た目がかなりちがう。米ディズニー社は，『クマのプーさん』の権利を買い取り，映画化を進めた。1966年に短編『プーさんとはちみつ』が上映され，ほかの2つの短編と合わせて1977年に『くまのプーさん完全保存版』として長編映画が上映された。

⑩ 原作『クマのプーさん』は解禁に

　ミッキーマウスについては，著作権の保護が続いているが，原作『クマのプーさん』については日本での著作権が切れ，新たな訳本などが出版された（ミルン／森絵都訳『くまのプー』角川文庫など）。

　著作権は国によって保護期間が異なる。日本は，個人の著作権は死後50年，法人の著作権は公表後50年で最も短い。米国や欧州連合（EU）は，個人の著作権は死後70年，法人の著作権については，米国が公表後95年，EUが公表後70年である。

　環太平洋経済連携協定（TPP）が発効していたら，米国に合わせて個人と法人の著作権をそれぞれ20年延長する予定だった。しかし，トランプ大統領就任後，米国のTPP離脱が決まったためTPPは発効せず，著作権は延長されていない。

　原作『クマのプーさん』の作者ミルンが亡くなったのは1956年で，死亡後50年である2006年末に著作権が切れるのが原則だ。ただ，例外的に第二次世界大戦時の連合国には戦争中の分だけ著作権を延長する「戦時加算」が認められている。英国の場合，約10年5カ月（3794日）が加算される。その結果，著作権が切れる日が2017年5月21日となった。

表 13-1　著作権の保護期間

	日　本	米　国	EU
個人著作権（死後）	50年	70年	70年
法人著作権（公表後）	50年	95年	70年

（出所）田中・林（2008）など

第14章 日本の将来とディズニーランド（将来予測）

■この章のポイント■

テーマパークは多くの入園者を扱うため，さまざまなリスクにさらされている。オリエンタルランドはそれにどのように対応しているのか。この章では，東京ディズニーランドの将来を考える。さまざまなリスクは，日本の将来の問題ともほぼ重なっている。

リスクの管理			
リスクと不確実性		リスクマネジメント	
リスク（確率が計算できる）	不確実性（確率が計算できない）	内部リスク（リスクの回避）	外部リスク（リスクの移転）

① リスクと不確実性

リスクをどのように管理するかは，企業の基本であり，テーマパークを運営するオリエンタルランドも，リスク管理は重要である。

リスクについて，まず「ナイトの不確実性」という概念から説明しよう。経済学者フランク・ナイトが提案したもので，「リスク」と「不確実性」のちがいについて明らかにした。「リスク」とは，確率的に計算できるものだ。たとえば，サイコロの目が何になるかは「リスク」である。何が出るかは予測できないが，それぞれ6分の1の確率で出ることはわかる。確率がわかれば，それに備えることもできる。いっぽう，ある事が起こる確率さえもわからないもの

が不確実性である。リーマンショックのような経済危機は，確率では計算できない。確率的に起こることがわかっていれば，それに対処することもできる。しかし，誰も想定していないことが起こると，対処できなくなる。これをナイトの不確実性と呼ぶ。

② ハイリスク＝ハイリターンとは

　リスクの代表的なものは，株式市場である。株価は上下するが，過去の株価の動きを参考にすれば，株価がどれくらい上がるかの確率は計算できる。株式に投資するほうが銀行に預けるよりも，高い報酬（リターン）が期待できる。得をする人も損をする人もいるが，平均すれば銀行の利子よりも収益率は高い。リスクに見合うリターンがあるからこそ投資する人がでてくる。ハイリスクであればハイリターンであり，ローリスクであればローリターンであるのが，金融市場である。

　また，リスクは分散できる。ポートフォリオ理論とは，リスクを分散するための理論である。自動車会社の株とテーマパークの株では，株価の動き方がちがう。自動車は，海外にも多く輸出しているため，為替レートの影響や海外経済の影響を大きく受ける。いっぽう，テーマパークの株価は，国内所得や天候などの影響を大きく受ける。こうした性格のちがう株をもっていると，リスクが分散できる。為替レートが大幅に円高になると，自動車株は輸出に不利になるため株価が下がることが予想される。いっぽう，テーマパークの株価はそれほど大きな影響を受けないだろう。1つ1つの株にはリスクがあるが，それを組み合わせることによってリスクを小さくすることはできる。

③ 将来の予測

　経済予測の基本的はGDPの予測である。長期的なGDPの予測の元となるのは，労働と資本ストックの予測だ。資本ストックは，企業の設備投資の積み重ねとなり，企業が将来どの程度設備投資をするかがカギになる。企業収益や利子率が予測に関わってくるため予測はむずかしい。いっぽうで，労働者数の予

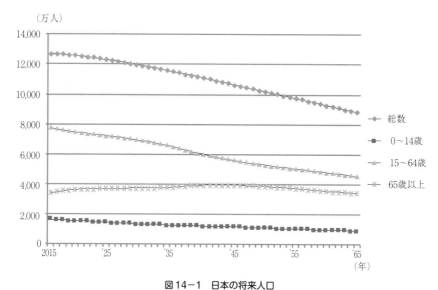

（万人）

図14−1　日本の将来人口
（出所）国立社会保障・人口問題研究所『日本の将来人口推計』中位推計

測は比較的容易だ。人口の予測がその基本となるためだ。人口と労働者の動き
が完全に一致するわけではない。失業者が増えれば労働者数は減るし，海外か
らの労働者が増える可能性もある。こうしたことを踏まえながら経済予測は行
われる。人口の予測は国立社会保障人口問題研究所で発表されている。

④　リスクマネジメント

　リスクマネジメントは，リスクを管理して，被害を最小にするための方法だ。
リスクを内部リスクと外部リスクの2つに分けて考える。
　内部リスクとは，企業の内部から発生するリスクのことである。情報漏えい，
粉飾決算，食中毒などである。こうしたリスクは避けようと思えば避けられる。
防止策を徹底するなどの手段をとる必要がある。
　いっぽう，一企業では避けられないリスクもある。地震などの天災や経済危
機などである。こうした制御できないリスクは外部リスクと呼ばれる。外部リ

表14-1　オリエンタルランドが想定するリスク

リスクの種類	細　目	具体例
ブランド低下に関するリスク	ハード面のクオリティ	投資の停滞
	ソフト面のクオリティ	キャストの人員不足
オペレーションに関するリスク	製品の不具合	アトラクション事故，欠陥商品販売，異物混入など
	法令違反	資材調達取引などでの役職員による重大な法令違反
	情報セキュリティ	社内情報に関する外部からのハッキング，社内データベースの悪用，漏洩，改ざん
外部環境に関するリスク	天　候	悪天候が長期に及ぶ場合
	災　害	大地震や火災，洪水
	テロ・感染症	国内外の施設でのテロ事件，治療法が確立されていない感染症の流行
	景気変動	これまで経験したことのない不景気
	法規制など	法規制の新設や変更で一部業務が制限される場合

(出所) オリエンタルランド「2016年度有価証券報告書」

スクに関しては，保険の機能を使って，リスクを移転する方法がとられる。災害はいつ起こるかわからないが，起こったときのためにお金を積み立てておく。

　身近な例では自動車の保険だろう。事故はめったに起こらないが，一定の確率で起こる。このリスクをなくすためには，事故を起こす可能性がある人からお金を集め，事故が起こったら，そのお金を使うことで解決する。

⑤　ブランド低下のリスク

　ブランド低下のリスクは，東京ディズニーリゾートにとっては深刻な問題だ。ディズニーランドの強さは，サービスの質の高さと次々と建設される魅力的なアトラクションである。その結果としてのリピーターの多さである。

　サービスの質が低下する可能性としては，少子高齢化が進むと応募者自体が減る可能性が懸念される。希望するレベルの従業員が雇えなくなるとサービスの劣化につながる。今後は，教育システムの強化が必要になってくるだろう。

　また，何らかの事情で財務状態が悪化し，設備投資ができなくなるとアトラクションの建設が滞り，リピーターが減る。固定費の大きいテーマパークでは，

入場者数の減少は利益の減少に直結する。

⑥ オペレーションに対するリスク

オペレーション（操作や運転）に対するリスクは，一般的な企業でも陥るリスクが並んでいる。製品の不具合では，テーマパーク（アトラクション事故），おみやげ（欠陥商品販売），レストラン（異物混入など）それぞれのリスクが並んでいる。これらのリスクは避けられるに越したことはないが，発生を完全に防ぐことはむずかしい。

事故が起こったあとの対応も重要だ。法令違反，情報セキュリティの問題は，「あってはならないこと」だが，実際にはさまざまな企業で発生している。「わが社ではありえない」という態度よりは，起こりうることとして対応するのが現実的だろう。

⑦ 外部環境に対するリスク

外部環境に対するリスクは，天災など避けられないリスクが多い。マクロ経済のリスクと同様である。天候，災害，テロなどは，起こる可能性に備えて防災訓練などをやっておく必要がある。

景気変動は，マクロ経済のリスクである。過去にも大恐慌やリーマンショックなど大きなショックがあった。さらに大きなショックがないとも限らない。入園料はかなり高いため，所得水準が大きく下がれば入園者数が減る可能性がある。

第15章 経済学用語集（経済学）

■この章のポイント■
　本書でもたびたび使われる経済学の基本的な考え方を用語ごとに解説する。経済学の用語は、「限界」という言葉に代表されるように、一般とはちがった意味で使われるので、解説が必要である。希少性、トレードオフ、機会費用、限界、インセンティブと、GDP、付加価値、物価などである。

希少性	限　界	GDP	物　価
・トレードオフ ・機会費用	・インセンティブ	・付加価値	・相対価格 ・一般物価

1　希少性

　経済学的思考の根底にあるのは、「世の中のものはすべて有限である」ということだ。1日は24時間で増やすことはできない。毎月手にする給料には限りがあって、無限にお金を使うことはできない。いっぽうで、欲望は無限である。欲望が無限だが、すべてを叶えることはできない。叶えられる欲望が少ないことを、「希少性」と呼ぶ。

　得られるものに「希少性」があるということは、欲しいものを選ばなければならないということだ。東京ディズニーランドに行って遊べば、その間働くことはできない。働くことを選べば、東京ディズニーランドに行って楽しむことはできない。東京ディズニーランドに行って遊んでいる間は、東京ディズニーシーに行って遊ぶことはできない。としまえんに行けば東京ディズニーリゾートには行けない。どちらかを選ぶ必要がある。

　アルバイト代の使い道にしてもそうだ。月に10万円稼いだとして、それで自分の買いたいものをすべて買うことはできない。服を買ってしまえば、食事

に行く回数は減る。服も買って，食事に行けば，貯金することができなくなる。こうした限りのある世界で，何を選択するかを考えるのが経済学である。

② トレードオフ

選択することはトレードオフの問題を引き起こす。トレードオフとは，「あちらを立てれば，こちらが立たず」という意味である。2つの事柄が同時に満足できない状況をさす。トレードは取引の意味で，オフ(off)は「離れる」という意味である。30 %offとは30% 安くするという意味だが，割引のoffとはちがう。「取引が成り立たない」と考えるとよいかもしれない。

何かを選ぶということは，何かを犠牲にするということだ。両方実現することはできない。今日1日，思い切り遊ぶという選択をすると，その間お金を稼ぐことができない。逆に，今日一生懸命働くという選択をすると，ゆっくり休養する時間がなくなる。

それは国の政策にもあてはまる。「大砲かバター」という言葉は，政府支出に関するトレードオフを表す言葉だ。大砲は軍事費，バターは生活必需品を表し，軍事費の支出を増やすと生活関連の支出を減らさなければならないし，生活関連の支出を増やせば軍事費を削らなければならない。両方満たすことはできないことのたとえである。

「効率か公平か」は，効率性を重視すれば所得の格差が広がるが，公平性を重視すれば一生懸命稼ぐ人が減って効率性が損なわれることのたとえである。

③ 機会費用

選択の問題に関連して重要なのが機会費用である。機会費用とは，選ばなかった選択肢がもたらす便益のことである。あるものを選ぶということは，ほかを選んだときの利益を捨てるということであり，それを費用として捉える。

大学を卒業したあと，会社をやめて留学する機会費用は大きい。ここでかかる費用は，海外への渡航費，大学の授業料だけではない。もし留学しなかったら稼げていた給料分も「機会費用」として上乗せして考える必要がある。それ

でも留学する人が多いのは，機会費用は大きくても，それに勝る便益があると見込んでいるためだろう。

　居酒屋が昼メニューを始めるのも機会費用で説明できる。居酒屋の営業は夜が中心だが，午前中や昼間の分も含めて家賃を支払っている。昼に営業をすることの機会費用（昼に営業しないことによる利益）は，ほぼゼロである。家賃分は払う必要がなく，材料費などを調達すれば営業できるので，安い値段でも利益を得ることができる。

④ 限 界

　経済学では，限界という言葉は「成長の限界」など limit の意味で使われるのではなく，「端」を表す margin の意味で使われる。経済学での「限界」は，ある物が1単位増えたとき，ほかの物が追加的にどの程度増えるかを表している。限界効用は，ある商品を1単位購入したときに追加して増える効用の量である。限界収入は，あるものを1単位売ったときに追加して増えるお金の金額である。

　限界の概念が重要なのは，家計の効用（満足度）最大化，企業の利益最大化といった，経済学でよく使う「最大化」に関連するためだ。家計の効用を最大化する消費量は，限界効用と限界費用が等しくなった点であり，企業の利益を最大化する生産量は限界収入と限界費用が等しくなった点である。

　ホテル宿泊料が，直前に大幅割引されることも，限界概念を使えば説明できる。たとえば，ホテルの利益を確保したうえでの運営費用が全部で1日100万円かかり，100人が宿泊して1泊1万円だと元が取れる場合を考える。前日までに90人分の予約しかない場合，当日1泊5000円に割引するのは合理的だろうか。平均して1万円の費用がかかる部屋を5000円で売ってよいのだろうか。

　この問題は限界の概念を用いれば，すっきりする。1人宿泊者が増えると収入は5000円増える（限界収入が5000円）。いっぽうで，1人お客さんが増えることの費用はほぼゼロ（すでに部屋が用意されているので），限界収入より限界費用のほうが高い場合は部屋を貸したほうが儲かるため，部屋を貸したほうがよい

ということになる。

⑤ インセンティブ

インセンティブはさまざまな意味で使われるが，経済で使う場合は「動機付け」と考えればよい。国立国語研究所の「外来語」の言い換え提案では，インセンティブの望ましい言い換えとして，「意欲刺激」をあげている。そのほかの候補として，「誘因」「動機付け」「奨励金」「報奨金」「優遇措置」「意欲」などがある。商品販売の現場では「奨励金」「報奨金」をインセンティブと呼ぶが，経済学で使う場合より意味が狭い。

経済学で最も重要なインセンティブは価格である。レタスの価格が安くなればレタスをたくさん買おうと思い，高くなれば買う量を減らす。価格は意思決定の重要な要因となる。しかし，価格だけがインセンティブではない。たとえば，税率もインセンティブになる。ガソリンの税率を高くすると，ガソリン代が高くなり，自動車に乗る費用が増えることになる。自動車に乗るのをやめてコストの安いバスに乗る人が増えるだろう。自動車に乗り続けるとしても，なるべく燃費のよい車に乗ろうとするだろう。大幅な価格上昇なら，電気自動車に乗り換える人も増えるだろう。税率を変えるだけで，人々の行動や企業の行動に大きな影響を与えることになる。

⑥ GDP

国内総生産のことで，ある国でつくられた生産量の合計のことである。これにはコメや魚などの農水産物のほか，自動車やパソコン，ホテルやサービス業での活動も含まれる。人口で割った1人当たりGDPはその国の経済水準を表す。

GDPを計算する際には，付加価値を計算する。単なる売上高がGDPになるわけではない。たとえば，自動車の売上高とタイヤの売上高をそのまま足すと，二重計算になる部分がでてくる。タイヤを使って自動車は組み立てられているので，両方にタイヤの売上高が含まれる。そこで，ある産業で付けた価値だけを足し合わせることになっている。自動車産業の付加価値は，総生産額から中

間投入を差し引いた部分である。

7 物　価

　物の値段は「価格」と呼ぶが，物が集まってできた価格を平均したものを物価と呼ぶ。一般的な物価水準のことである。統計としては，消費者物価指数（CPI）が代表的なものだ。消費者が買うものの値段を調べ，購入量に応じてウェート付けして1つの指標にする。物価上昇率のことをインフレ率と呼ぶ。物価が上がるときは需要が旺盛な時なので，景気のバロメーターになる。

　日本銀行は，インフレ率が2％になるまで金融緩和を続けるという，インフレターゲット政策をとっており，金融政策でも重要な指標である。

　物の値段はその製品の需給で決まるが，一般的な物価水準は，貨幣量などにも左右される。

あとがき

　ディズニーランドに興味をもったのは，1992年に米国へ留学していたときのことだ。カリフォルニアのディズニーランドに行ったときは，東京ディズニーランドとそれほどちがいを感じなかった。近くにナッツベリーファームやシックスフラッグス・マジックマウンテンなどのテーマパークがあり，そのなかの1つという印象だった。しかし，フロリダのディズニーワールドには感動した。まず，スケールのちがいに驚いた。東京ディズニーランドと同じコンセプトのマジック・キングダムのほか，エプコットやいくつものホテルがあり，東京ディズニーランドとの規模のちがいに愕然とした。それぞれのテーマパークでのアトラクションのおもしろさやショーのレベルの高さも印象的だった。その後，米国にある日本の書店で能登路雅子の『ディズニーランドという聖地』(岩波書店，1990)や粟田房穂・高成田享の『ディズニーランドの経済学』(朝日新聞社，1987)を買い，ディズニーランドやウォルト・ディズニーの奥深さを知った。

　2002年に大学の教員となり，1年生向けの演習で「ディズニーランド」をテーマとして採り上げた。その授業は，所属していたマネジメント学部の学生だけでなく文学部の学生も履修していたので，経営的な側面だけでなくキャラクターや物語も題材にした。ディズニーランドが好きな学生もそれほどでもない学生もいたが，授業は好評だった。

　高等学校と大学の連携事業の1つとして，高校生向けの模擬授業も積極的に行った。ディズニーランドと経済学を結びつけた授業は好評で，模擬授業をきっかけに私のゼミに入る学生も多かった。

　2010年に観光マネジメント学科ができ，「テーマパーク論」などの講義が開設され，観光学関連の教員が増えた。なかでも，小川功教授がテーマパークについて研究され，書籍や論文で発表されていた。テーマパークに関して話し合うことも多く，その知見にふれることができた。なお，このたびの本書の出版

は，跡見学園女子大学学術図書出版助成によるものであり，記して謝意を表したい。

2012年から始めたディズニー合同研究発表会でも多くの知見を得ることができた。とくに桜美林大学の山口有次先生にはお世話になった。山口先生とはオリエンタルランドにインターンシップに行った学生を通じて知り合ったが，私とはちがった視点でディズニーランドを研究されており，おおいに刺激を受けた。

編集者の二村和樹氏にはお世話になった。今回の企画に積極的な評価とさまざまなアドバイスをもらった。

本書の校正には，跡見学園女子大学マネジメント学部4年生の笹沼瞳さん，西久保千尋さん，3年生の尾崎絵里香さんにお世話になった。

家族の桂，葵，桜には，最初の読者としてアドバイスをもらった。東京ディズニーリゾートで過ごした楽しい思い出が，本書執筆の動機の1つである。

2017年10月

山澤　成康

ディズニー合同研究発表会について

　桜美林大学の山口有次教授と筆者は，ディズニー合同研究発表会を年2回開催している。2012年12月2日の桜美林大学と跡見学園女子大学の学生による発表会が最初である。その後，早稲田大学のディズニー研究会が加わり，3大学持ち回りで研究発表会を毎年2回開催している。

　　桜美林×早稲田×跡見ディズニー研究会合同ウェブページ
　　　（http://disneyken9kai.wixsite.com/disneylabo）

□ディズニー関連の資料についての解説

　本書で使った資料について解説し，今後ディズニーランドを研究する際の参考にしてもらいたい。本書ではさまざまなデータを使っているが，書籍になった瞬間にデータは固定化されて，どんどん古くなっていく。書籍の宿命ではあるが，それを克服するために，最新データの更新方法を記しておく。

　現在の URL を提示しても，今後変わる可能性があるので，それぞれのデータソースにリンクしたページを「山澤研究室」のウェブページ上のリンク集に設けた。
「山澤研究室」　http://www2.mmc.atomi.ac.jp/web13/index.shtml

□東京ディズニーランドの入園者数

　東京ディズニーリゾートの入園者数は，オリエンタルランドのウェブページにグラフとともに載っている。東京ディズニーリゾートについて / 入園者数データに記載。男女別，年代別，地域別のゲストの比率も公開している。2000 年度までは東京ディズニーランドの入園者数，2001 年度以降は東京ディズニーランドと東京ディズニーシーの入園者数の合計で，パーク別の入園者数は発表されていない。毎年 4 月に更新される。

□オリエンタルランドファクトブック

　オリエンタルランドは，投資家向けにさまざまな資料を提出している。誰にでもわかるように書かれたものから，専門家向けのものまで用意されている。そのなかで「ファクトブック」は，データが豊富で数値分析するものにとっては非常に有用な資料である。毎年 4 月に発表される。

□テーマパークの入園者数

　綜合ユニコムの『レジャーランド＆レクパーク総覧』のテーマパーク入場者数一覧がある。『レジャーランド＆レクパーク総覧』には入場者数のほか売上高やイベント動員数などかなり詳しいデータが載っている。ただ，業界向けの資料なので個人で買うには高価である。テーマパーク入園者数ベスト 10 は，綜合ユニコムの『月刊レジャー産業資料』の毎年 8 月号に掲載される。

□顧客満足度

　公益財団法人の日本生産性本部は，経済や生産性に関する調査研究を行っている。

毎年行われている調査が顧客満足度調査である。さまざまな分野の企業について顧客満足度をアンケート調査で得点化し，ランキング形式で公表している。業界ごとの順位を定期的に発表した後，毎年３月に「年度調査」として全業種について，満足度の高い業界や企業を発表している。また，毎年７月には『レジャー白書』を発表している。

□株　価
　オリエンタルランドの株価は，各種のポータルサイトから検索可能である。たとえば，Yahoo!Japanでは，Yahoo!ファイナンスで，株価情報を提供しており，直近の株価動向についてはデータが豊富にある。

□海外のディズニーランドについて
　米ウォルト・ディズニー社のウェブページにアニュアルレポート（年次報告書）が発表されている。ファクトブックでは，チケットの値段や入園者数などが発表されていたが，最近ファクトブックは公表されていない。

□世界のテーマパークランキング
　アミューズメント・トゥデイ社（AmusementToday:http://amusementtoday.com/）は，世界のテーマパークのうち優秀なものを「ゴールデン・チケット・アワード」として毎年表彰している。世界のテーマパークの動向を把握するには恰好の資料である。毎年９月にに発表される。

□世界のテーマパーク入園者数
　テーマ・エンターテイメント協会（Themed Entertainment Association:TEA）は，毎年世界のテーマパーク入場者数ランキングを発表しており，かなり詳しいレポート（Global Attractions Attendance Report）がある。

□個人サイトなどさまざまなインターネット情報
　インターネットは圧倒的な情報量をもっている。さまざまな情報を入手するには便利で，これを使わない手はないだろう。企業の公式ウェブページなどは積極的に利用するべきだと思う。
　いっぽうで，インターネット情報をすべて参考文献とするには慎重な意見もある。たとえば，ウィキペディアを出典にすることは問題がありそうだ。情報源はウィキペディアではなく，ウィキペディアが参照している元のサイトである。個人のサイトにも有用な情報が多い。問題意識をつくり出すのには役立つ。しかし，その情報

を鵜呑みにしないことも大切である。

□ウィキポータル「ディズニー」
　　https://ja.wikipedia.org/wiki/Portal:%E3%83%87%E3%82%A3%E3%82%BA%E3
　　%83%8B%E3%83%BC

□統計ダッシュボード
　　総務省統計局が政府統計を一括して検索できるように作成したサイト。グラフを
中心にわかりやすく統計を眺めることができる。データをダウンロードすることも
できる。系列数は約5000系列あるが，より本格的には「e-Stat」という政府統計情報
のポータルサイトがある。

□実質GDP成長率
　　GDPは国内総生産の略で，実質系列と名目系列がある。名目系列は，日本全体の
生産活動の集計値で，実質系列は名目系列に含まれる価格要因を除いたものである。
　　GDP統計は内閣府が発表しており，過去のデータも含めて内閣府経済社会総合研
究所ウェブページから取得できる。
　　GDPの推計法は時代とともに変化しており，過去の基準と接続した形では発表さ
れていない。作成方法は68SNA，93SNA，08SNAと変化している。戦後から最近ま
での長期系列を作成する場合は，伸び率が等しくなるようにして接続するなどの工
夫がいる。

□総務省「労働力調査」
　　労働者数の動きなどを調べるのに適している。アルバイトや非正規社員の実態を
知ることができる。
　　基本集計と詳細集計があり，人数などの基本的な項目は基本集計でわかり，非正
規社員になった理由などのより細かいデータは詳細集計にある。月次調査だが，年
度の値は，基本集計が4月下旬に，詳細集計が5月に発表される。

□厚生労働省「賃金構造調査統計」
　　賃金について体系的に調査した統計。正社員，非正規社員などの種類別，また年
齢別，性別などの詳細な区分で賃金がわかるので，日本全体の賃金構造がわかる。毎
年6月の賃金について調べており，ボーナスについては年間の数値を把握している。
翌年2月頃に発表される。

□国税庁「民間給与実態統計調査」

　民間給与が，業種別，規模別，正規・非正規社員別に調査されている。所得税などを支払う前の年収ベースで発表される。税収の見積もりを作成するために作られた統計だが，就職前の学生にとっては業界や規模によってどの程度収入がちがうのかを知る目安になる。

□経済産業省「特定サービス産業動態調査」

　「公園，遊園地，テーマパーク」という業種分類があり，年間売上高などがわかる。ただし，政府統計なので個別の企業のデータは入手できない。

□総務省「サービス産業動向調査」

　サービス産業動向調査は，サービス業全体を月次で捉えようとして設計されている。テーマパークは，生活関連サービス業の娯楽業に含まれる。テーマパークの動向は把握できないが，より大きい分類（娯楽業）については直近の状況について把握できる。

□国立社会保障・人口問題研究所「日本の将来人口推計」

　少子高齢化を中心とした問題を考えるには，日本の人口の推移が重要である。「日本の将来人口推計」では，男女別，世代別に人口の将来推計を行っている。予測するうえで重要なのは，合計特殊出生率（女性が一生のうちに産む子供の数）で，この予測が将来人口推計を左右することになる。

〈参考文献〉

安達まみ（2002）『くまのプーさん英国文学の想像力』（光文社新書）光文社
有馬哲夫（2001）『ディズニーとは何か』NTT 出版
有馬哲夫（2001）『ディズニーランド物語―LA- フロリダ - 東京 - パリ』（日経ビジネス人文庫）
　日本経済新聞出版社
有馬哲夫（2003）『ディズニーの魔法』新潮社
有馬哲夫（2003）『ディズニー「夢の工場」物語』（日経ビジネス人文庫）日本経済新聞出版社
有馬哲夫（2009）『ディズニー五つの王国の物語』（宝島 SUGOI 文庫）宝島社
有馬哲夫（2011）『ディズニーの秘密』（新潮選書）新潮社
粟田房穂・高成田享（1987）『ディズニーランドの経済学』（朝日文庫）朝日新聞出版
安藤健二（2008）『封印されたミッキーマウス』洋泉社
岡田斗司夫（1998）『東大オタキングゼミ』自由国民社
小川功（2015）「遊園地における虚構性の研究」『彦根論叢』No.404，滋賀大学経済学会
カイザー・ファング（2011）『ヤバい統計学』阪急コミュニケーションズ
加賀見俊夫（2003）『海を越える想像力』講談社
桂英史（1999）『ディズニーランドの神話学』青弓社
上澤昇（2008）『魔法の国からの贈りもの』PHP 研究所（ロイヤルティについて）
菊野一雄・山澤成康（2010）『人的資源管理の重要性』DVD（プライマリー経営学入門第 3 巻）
　サンエデュケーショナル
木ノ内敏久（2014）『H.I.S. 澤田秀雄の「稼ぐ観光」経営学 』（イースト新書）イースト・プレ
　ス
グリム兄弟 / 金田鬼一訳（1979）『グリム童話集（二）』（岩波文庫）岩波書店
講談社編（1996）『Door of Dream（夢のとびら）―東京ディズニーランド超ガイド』講談社
国際連合 "World Urbanization Prospects, the 2014 Revision"
国立国語研究所「外来語」委員会『「外来語」言い換え提案』2006 年 8 月，国立国語研究所
榊原清則（2001）『経営学入門（上・下）』（日経文庫）日本経済新聞出版
澤田秀雄（2012）『運をつかむ技術―18 年間赤字のハウステンボスを 1 年で黒字化した秘密』
　小学館
シャルル・ペロー / 今野一雄訳（2007）『ペローの昔ばなし』（白水 U ブックス）白水社
ジョージ・ケリング &C. M. コールズ / 小宮信夫監訳（2004）『割れ窓理論による犯罪防止―
　コミュニティの安全をどう確保するか』，文化書房博文社
ジョン・グッドマン（2013）『グッドマンの法則に見る 苦情を CS に変える「戦略的カスタマ
　ーサービス」』リックテレコム
田中辰雄・林紘一郎（2008）『著作権保護期間―延長は文化を振興するか?』勁草書房
TDR 研究会議（2003）『ディズニーリゾート 150 の秘密』新潮社
能登路雅子（1990）『ディズニーランドという聖地』（岩波新書）岩波書店
馬場康夫（2007）『「エンタメ」の夜明け』講談社
広木隆（2014）『勝てる ROE 投資術』日本経済新聞出版
ポール・クルーグマン（2007）『ミクロ経済学』東洋経済新報社

堀井憲一郎（2007）『東京ディズニーリゾート便利帖〈第2版〉』新潮社

堀貞一（2000）『楽しくなければ会社じゃない』プレジデント社

マイケル・アイズナー（2000）『ディズニー・ドリームの発想（上・下）』徳間書店

マイケル・ポーター（1985）『競争優位の戦略――いかに高業績を持続させるか』ダイヤモンド社

マークトウェイン／柴田元幸訳（2012）『トムソーヤ―の冒険』新潮社

マズロー，A.H.／小口忠彦訳（1987）『人間性の心理学』産能大出版部

森岡毅（2014）『USJのジェットコースーはなぜ後ろ向きに走ったのか？』角川書店

山口有二（2009）『ディズニーランドの空間科学』学文社

山口有二（2015）『新・ディズニーランドの空間科学』学文社

吉川尚宏（2009）『価格戦略入門』ダイヤモンド社

若桑みどり（2003）『お姫様とジェンダー――アニメで学ぶ男と女のジェンダー学入門』（ちくま新書）筑摩書房

Smith, Dave（2016）"Disney A to Z（Fifth Edition）: The Official Encyclopedia"

TEA/AECOM（The Themed Entertainment Association（TEA）and AECOM, a global provi）「グローバル・アトラクション入場者数調査」

＜インターネットサイトなど＞

・アミューズメント・トゥデイ　http://amusementtoday.com/

・テーマ・エンターテインメント・アソシエーション　The Themed Entertainment Association（TEA）　http://www.teaconnect.org/

・ザ・ウォルト・ディズニー・カンパニー　インベスターリレーションズ https://thewalt-disneycompany.com/investor-relations/

・有報速報　https://toushi.kankei.me/　　「ディズニー」で検索

・「遠近の謎」龍安寺ウェブページ　http://www.ryoanji.jp/smph/garden/perspective.html

・香港ディズニーランド　　企業ページ http://hkcorporate.hongkongdisneyland.com/hkdl-corp/en_US/home/home?name=HomePage

〈東京ディズニーリゾート関連年表〉

西暦	和暦	東京ディズニーリゾート	国　内	海　外
1965	昭和56		博物館明治村	
1973	57		ウエスタン村	
1983	58	東京ディズニーランド開業(4月)	長崎オランダ村	
1984	59	1周年		
1985	60	エレクトリカルパレード始まる		
1986	61	シンデレラ城ミステリーツアーオープン	日光江戸村	
1987	62	ビッグサンダー・マウンテンオープン		
1988	63	年間パスポート販売開始		
1989	平成元	スターツアーズオープン		MGMスタジオ(ディズニーワールド内)(5月)
1990	2	京葉線舞浜駅オープン	スペースワールド(4月)	
1991	3		レオマワールド	
1992	4	クリッターカントリー新設(10月)	ハウステンボス(3月)	ユーロ・ディズニー開業(4月)
1993	5	10周年		
1994	6	アラジンの大冒険開催	志摩スペイン村(4月)	
1995	7	エレクトリカルパレードが終わり,ファンティリュージョン始まる		
1996	8	トゥーンタウン新設(4月),東証一部上場(13月)		
1997	9	ミクロアドベンチャーオープン	倉敷チボリ公園(7月)	
1998	10	15周年	鎌倉シネマワールド閉園(12月)	
1999	11	ドナルドのワッキーキングダム開催		
2000	12	イクスピアリ,ディズニー・アンバサダーホテル開業(7月),プーさんのハニーハントオープン	レオマワールド閉園(8月)	
2001	13	ディズニーシー,ホテルミラコスタ開業(9月),エレクトリカルパレード・ドリームライツが始まる。	USJ(3月),シーガイア破たん(2月),長崎オランダ村閉園(10月)	
2002	14			ディズニースタジオ(ユーロ・ディズニー内)

年				
2003	15	20周年	ハウステンボス破たん（2月）	
2004	16	バズ・ライトイヤーのアストロブラスターオープン（TDL）	ニューレオマワールド開園（4月）	
2005	17	レイジングスピリッツオープン（TDS）		香港ディズニーランド開業
2006	18	タワー・オブ・テラーオープン（TDS）		
2007	19		ウエスタン村（休園）	
2008	20	25周年 シルク・ドゥ・ソレイユ始まる	倉敷チボリ公園閉園（12月）	
2009	21	モンスターズインクオープン（TDL） タートルトーク始まる（TDS）		
2010	22			
2011	23	ミッキーのフィルハーマジック始まる（TDL）1月 シンデレラのフェアリーテイル・ホール始まる（TDL）4月 ジャスミンのフライングカーペットオープン（TDS）7月 TDS10周年（9月4日~3月19日）	2011/3/11東日本大震災	
2012	24	トイ・ストーリー・マニア！オープン（TDS）		
2013	25	東京ディズニーリゾート30周年 スターツアーズオープン（TDL）		
2014	26	ワンス・アポン・ア・タイム始まる（TDL） ジャングルクルーズ：ワイルドライフ・エクスペディションオープン（TDL）		
2015	27	キング・トリトンのコンサート始まる（TDS） スティッチ・エンカウンターオープン（TDL）		
2016	28			上海ディズニーランドオープン
2017	29	ニモ＆フレンズ・シーライダーオープン（TDS）	スペースワールド閉園（12月）	
2018	30	イッツ・ア・スモールワールドリニューアル（TDL）		
2019	31	ソアリン（仮称）オープン（TDS）		
2020	32	「美女と野獣」エリアオープン（TDL）		

（注）TDL＝東京ディズニーランド，TDS＝東京ディズニーシー。
（出所）オリエンタルランドウェブページなど

〈ディズニー映画年表〉

日　付	出来事
1901/12/ 5	＜ウォルト・ディズニー生誕＞
1923 – 1927	アリス・コメディー
1928/11/18	蒸気船ウィリー（ミッキー＆ミニースクリーンデビュー）
1929/ 8 /22	スケルトンダンス
1930/ 9 / 5	ミッキーの陽気な囚人（プルート登場）
1932/ 5 /25 7 /30	ミッキー一座（グーフィ登場） 花と木　（初めてのカラーアニメ）
1933/ 5 /27	3 匹の子ぶた（アカデミー賞受賞）
1934/ 6 / 9	かしこいメンドリ（ドナルド・ダック登場）
1937/ 1 / 9 12/21	ドン・ドナルド（デイジー・ダック登場） 白雪姫　（初めての長編アニメ）
1938/ 4 /15	ヒューイ・デューイ・ルーイ生誕（ドナルドの腕白教育）
1940/11/13 2 / 7	ファンタジア ピノキオ
1941/10/23	ダンボ
1942/ 8 / 9 8 /24	バンビ　（英国初演） ラテン・アメリカの旅（ブラジル初演）
1943/ 4 / 2	プルートの二等兵（チップ＆デール登場）
1944/12/21	三人の騎士（メキシコ初演）
1946/11/12 4 /20	南部の唄 メイク・マイン・ミュージック
1947/ 9 /27	ファン・アンド・ファンシーフリー
1948/ 5 /27	メロディー・タイム
1949/10/ 5	イカボードとトード氏
1950/ 2 /15	シンデレラ
1951/ 7 /26	不思議の国のアリス（英国初演）
1953/ 2 / 5	ピーター・パン
1955/ 6 /16	わんわん物語
1955/ 7 /17	＜ディズニーランド開園＞
1959/ 1 /29	眠れる森の美女
1961/ 1 /25	101 匹わんちゃん
1963/12/25	王様の剣

1964/ 8 /29	メリー・ポピンズ
1966/ 2 / 4 12/15	プーさんとはちみつ（プーさん登場） ＜ウォルト・ディズニー逝去＞
1967/10/18 3 /23	ジャングル・ブック スクルージ・マクダックとマネー（スクルージ・マクダック登場）
1970/12/11	おしゃれキャット（ロサンジェルス初演）
1971/10/ 1 10/ 7	＜ウォルト・ディズニー・ワールド（マジック・キングダム）開園＞ ベッドかざりとほうき（英国初演）
1973/11/ 8	ロビン・フッド
1977/ 3 /11 6 /22	くまのプーさん／完全保存版（初の長編映画） ビアンカの大冒険
1981/ 7 /10	きつねと猟犬
1983/ 4 /15	＜東京ディズニーランド開園＞
1985/ 7 /24	ブラック・コルドロン
1986/ 7 / 2	オリビアちゃんの大冒険
1988/11/18	オリバー～ニューヨーク子猫ものがたり
1989/11/15	リトル・マーメイド（ロサンジェルス，ニューヨーク初演）
1990/11/16 8 / 3	ビアンカの大冒険～ゴールデン・イーグルを救え ダックテイル・ザ・ムービー
1991/11/13	美女と野獣（ニューヨーク初演）
1992/11/11	アラジン
1993/10/13	ナイトメア・ビフォア・クリスマス（ニューヨーク初演）
1994/ 6 /24	ライオン・キング
1995/11/22 6 /23	トイ・ストーリー ポカホンタス
1996/ 4 /12 6 /21	ジャイアント・ピーチ ノートルダムの鐘
1997/ 6 /27	ヘラクレス
1998/11/20 6 / 5	バグズ・ライフ（ロサンジェルス初演） ムーラン（ロサンジェルス初演）
1999/11/19 6 /12 12/27	トイ・ストーリー 2（ロサンジェルス初演） ターザン　　（ロサンジェルス初演） ファンタジア／2000（ニューヨーク初演）
2000/12/15 5 /19	ラマになった王様 ダイナソー
2001/ 6 /15 9 / 4	アトランティス　失われた帝国 ＜東京ディズニーシー開園＞

2002/ 6 /21	リロ＆スティッチ	
11/ 5	トレジャー・プラネット（パリ初演）	
2003/ 5 /30	ファインディング・ニモ	
10/24	ブラザー・ベア（ロサンジェルス初演）	
2004/ 4 / 2	ホーム・オン・ザ・レンジ にぎやか農場を救え！	
11/ 5	Mr. インクレディブル	
2005/11/ 4	チキン・リトル	
2006/ 5 /26	カーズ（シャルロット初演）	
2007/ 3 /30	ルイスと未来泥棒	
6 /29	レミーのおいしいレストラン	
11/21	魔法にかけられて	
2008/ 6 /21	WALL・E/ ウォーリー（ロサンジェルス初演）	
11/21	ボルト	
2009/ 5 /13	カールじいさんの空飛ぶ家（カンヌ映画祭初演）	
11/25	プリンセスと魔法のキス	
2010/ 6 /16	トイ・ストーリー3（中国，エジプト初演）	
11/12	塔の上のラプンツェル	
2011/ 6 /24	カーズ2	
4 / 6	くまのプーさん（ベルギー初演）	
2012/ 6 /22	メリダとおそろしの森	
11/ 2	シュガー・ラッシュ	
2013/ 6 /21	モンスターズ・ユニバーシティ	
11/20	アナと雪の女王（パリ，ロサンジェルス初演）	
2014/ 5 /28	マレフィセント（ベルギー，フランス，英国，イタリア初演）	
11/ 7	ベイマックス	
2015/ 5 /18	インサイド・ヘッド（カンヌ映画祭初演）	
11/25	アーロと少年	
2016/ 3 / 4	ズートピア	
6 /17	ファインディング・ドリー	
11/23	モアナと伝説の海	
2017/ 6 /16	カーズ／クロスロード	

（出所）Dave Smith "Disney A to Z The Official Encyclppedia 5th Edition", カーズ／ク
ロスロードはウェブページから追加。初演日を掲載。

■■■■■■ あ行
IRプレゼンテーション　　50
アクアスフィア　　39
朝日土地興業　　33
アナと雪の女王　　63,174,179
アナハイム　　159
アニュアルレポート　　50
アベノミクス　　29,63
アミューズメント・トゥデイ社　　129
アミューズメントパーク　　126
アリエル　　173
ROE　　56
ROA　　56
アルバイト　　71
イクスピアリ　　2,40
意匠権　　182
イースター　　155
インセンティブ　　199
インベスター・リレーションズ　　50
ウィキペディア　　204
ウィキポータル「ディズニー」　　205
ウィニー　　22
ウォルト・ディズニー・カンパニー　　1,145
ウォルト・ディズニー・ジャパン　　2
ウォルト・ディズニー・プロダクション　　1
営業利益　　149
エイジング　　19
SCSE　　76
オイルショック　　12,28
大津市プール事件　　184
お子様ランチ　　77
オズワルド　　188
オペレーション　　195
おみやげ代　　151
オランダ　　171
オーランド　　159
オリエンタルランド　　2,34

■■■■■■ か行
外輪船　　146
価格差別　　81
価格弾力性　　104

下級財　　103
カストーディアル　　73
株価収益率　　57
株式会社　　45
株式分割　　55
株主総会　　46
株主通信　　50
株主優待　　46
貨幣の機能　　88
空売り　　53
カリフォルニア・ディズニーリゾート　　159
川崎千春　　35
為替レート　　134
機会費用　　197
企業戦略論　　161
希少性　　196
逆日歩　　53
キャスト　　70
キャッシュフロー計算書　　155
ギャロッピングガウチョ　　186
強化遠近法　　18
銀行預金　　48
グッドマンの法則　　69,70
くまのプーさん　　189,190
グリム童話　　180
クルー　　70
グローバル・アトラクション入場者数報告　　128
経営戦略　　160
景気動向指数CI　　12
経常利益　　149
京成電鉄　　33
ゲスト　　70
決算短信　　50
限界　　94,198
限界効用逓減の法則　　94
限界収入　　119
限界生産量逓減の法則　　111
限界費用　　119
　　——逓減の法則　　111
権利落ち　　53
権利確定日　　53
公園　　122

購買力平価　135
効用の最大化　93
ゴールデン・チケット・アワード　129
顧客満足度　203
顧客満足度調査　78
5段階欲求説　76
固定相場制　134

■■■■■さ行
財務諸表　149
サービス産業動向調査　206
サービス貿易　136
差別化戦略　161
サンクスデー　75,77
三大マウンテン　143
サンリオ　169
　　　──ピューロランド　8
しあわせウサギのオズワルド　186
GDP　199
ジェンダー　172
四国村　126
市場規模　7
シダーポイント　130
実質GDP成長率　205
ジャスミン　173
ジャングルクルーズ　19,107
ジャングル大帝　184
上海ディズニーランド　159
集中化戦略　161
首都圏ウィークデーパスポート　85
需要と供給　79
純資産倍率　58
純利益　149
ジョイポリス　127
蒸気船ウィリー　186
上級財　103
上場　59
消費者余剰　80
消費税　90
所得効果　103
白雪姫　173
シルク・ドゥ・ソレイユ　152
人工都市圏ランキング　10
人事管理　68
シンデレラ　173

スパリゾート・ハワイアンズ　168
スプラッシュ・マウンテン　143
スペース・マウンテン　143
スペースワールド　170
正規社員　71
生産　15
世界金融不況　29
石景山遊楽園　185
1983年　31
全要素生産性　16
総資産利益率　56
装置型産業　109
ソニー・ボノ著作権延長法　183
損益分岐点　114,116

■■■■■た行
貸借対照表　155
貸借銘柄　53
代替効果　103
代替財　101
高橋正和　35
抱き合わせ販売　83
脱ディズニー戦略　40
地下道　24,25
知的所有権　181
知的所有権の収支　138
長期費用曲線　118
著作権　182
賃金構造調査統計　205
ティアナ　173
ディズニー・イースターワンダーランド　154
ディズニー合同研究発表会　202
ディズニーシティ　38
ディズニーストア　2,153,158
ディズニーパーク　1
ディズニー・ハリウッド・マジック　38
ディズニープリンセス　173
ディズニーランド・パリ　140,159
ディズニーランドという聖地　201
ディズニーランドの経済学　201
ディズニールック　72
テーマ・エンターテイメント協会　128
テーマの配置　20
テーマパーク　122
東映太秦映画村　126

東京オリンピック　28
東京ディズニーシー　2,38
東京ディズニーランド　2
東京ディズニーリゾート　1,2
東京ディズニーワールド構想　38
統計ダッシュボード　205
独占市場　119
特定サービス産業動態調査　206
特許権　182
トムソーヤ島　146
トムソーヤの冒険　146
トレードオフ　197

な行

ナイトの不確実性　191
夏5パスポート　86
奈良ドリームランド　185
ニクソンショック　134
日経平均株価　54
日本の将来人口推計　206
入園者数の推計　30
値上がり益　46
ネポス・ナポス　40
年間パスポート　96

は行

配当　46
配当利回り　46
ハイリスク＝ハイリターン　192
ハウステンボス　8,166
覇権国家　171
バージョニング　81
パートナー　70
バブル経済　28
バブル崩壊　29
バーム　23
ハロウィーン　154
バンドリング　83
PER　57
PBR　58
東日本大震災　29,61
非正規雇用の問題点　72
非正規社員　71
ビッグサンダー・マウンテン　143
ビッグマック平価　135

費用逓減産業　117
ファクトブック　7,50
物価　200
プライス・リーダーシップ戦略　161
ブライトンホテル　41
プラザ合意　32,134
ブランド　194
BRICS　107
プリンセスと魔法のキス　174,178
プレーンクレイジー　186
プレミアムパスポート　89
フロリダ・ウォルト・ディズニー・ワールド・リ
　ゾート　159
フロリダ州　159
米ウォルト・ディズニー社　1,145
平均費用曲線　113
ベル　173
変動相場制　134
訪日外国人　139
ホームタウンパスポート　84
ポカホンタス　173
補完財　101
香港ディズニーランド　141,147,159

ま行

マイケル・ポーター　161
マズロー　76
　——の5段階欲求説　69
魔法にかけられて　174,178
マルヌ＝ラ＝ヴァレ　159
マレフィセント　179
MENA　107
ミズーリ州　146
三井不動産　33,36
ミッキーマウス保護法　182
三菱地所　36
ミルン，A.A.　189
民間給与実態統計調査　156,205
ムーラン　173
無差別曲線　98
明治村　126
メリダ　173
メリダとおそろしの森　179
もはや戦後ではない　28

████████ や行

役員報酬　156
谷津バラ園　35
山澤研究室　203
遊園地　122
ユニバーサル・スタジオ・ジャパン　8,162
ユーロ・ディズニー　140
予算線　99
ヨーロッパ・パーク　129

████████ ら行

ライオン・キング　184
ライドパーク　126
ラプンツェル　173,178
ランタオ島　159
利益　108
利潤最大化　111

リスク　191
リスクマネジメント　193
リゾート法　127
リピーター　8
リーマンショック　14
龍安寺　18
流動性　49
旅行収支　138
レジャー元年　12
レジャーランド＆レクパーク総覧　203
ロイヤルティ　15,36,69,157
労働力調査　205
ローソク足　51

████████ わ行

割れ窓理論　25
ワンス・アポン・ア・タイム　63

[著者紹介]

山澤　成康 (やまさわ なりやす)

跡見学園女子大学マネジメント学部教授 / 博士（経済学）

■ 略　歴
1987 年　京都大学経済学部卒業
　　　　 日本経済新聞社入社
2002 年　跡見学園女子大学マネジメント学部助教授
2009 年　跡見学園女子大学マネジメント学部教授
2016 年　総務省統計委員会担当室室長（2016 年 4 月～2018 年 3 月）
2017 年　埼玉大学人文社会科学研究科経済経営専攻博士後期課程修了
2018 年　跡見学園女子大学マネジメント学部教授（復職）

■ 所属学会
日本経済学会 / 景気循環学会 / 社会デザイン学会 /International Institute of Forecasters/ 日本統計学会 /The Regional Science Association International/ 応用地域学会ほか

■ 主な著作
『逆転の日本力』イーストプレス（2012 年）/『88 のキーワードで解く金融危機のカラクリ』秀和システム（2011 年）/『世界同時不況と景気循環分析』東京大学出版会（共著 2010 年）/『新しい経済予測論』日本評論社（共著 2010 年）/『日本経済の構造変化と景気循環』（共著 2007 年）/『日本経済―変わったこと変わらないこと』中央経済社（共著 2005 年）/『実戦計量経済学入門』日本評論社（2004 年）など

ディズニーで学ぶ経済学

2018 年 4 月 10 日　第 1 版第 1 刷発行
2022 年 1 月 30 日　第 1 版第 3 刷発行

著　者　山澤　成康

発行者　田　中　千津子　　〒153-0064 東京都目黒区下目黒3-6-1
　　　　　　　　　　　　　電話　03（3715）1501代
発行所　株式会社 学文社　　FAX　03（3715）2012
　　　　　　　　　　　　　https://www.gakubunsha.com

印刷所　新灯印刷

ISBN 978-4-7620-2763-5